HISTOIRES PARANORMALES

DE FRANCE

© 2021 Spring Angèle

Édition : BoD – Books on Demand, 12/14 rond-point des Champs-Élysées, 75008 Paris

Impression : BoD – Books on Demand, Norderstedt, Allemagne

ISBN : 9782322179947

Dépôt légal : Mai 2021

HISTOIRES PARANORMALES DE FRANCE

Angèle Spring

Sommaire :

- La maison d'Hempempont — Page 7
- L'église Notre-Dame de Nesles — Page 15
- L'Avenue Frochot et sa maison hantée — Page 21
- Le château de Montaigne — Page 27
- La maison de Vailhauquès — Page 33
- La pharmacie de Saint-Georges-du-Vièvre — Page 45
- Le Château de Steene — Page 53
- La maison hantée de Rogéville — Page 59
- L'abbaye de Fontaine-Guérard — Page 65
- La clinique des Allongés — Page 73
- Maison "hantée" de Mentque-Nortbécourt — Page 81
- Le château de Fougeret — Page 87
- La station-service de Cucq — Page 97
- Le manoir de Ste Geneviève des Brumes — Page 103
- Le château de Veauce — Page 109
- La maison de Grande-Synthe — Page 123
- Le phare de Tévennec — Page 133
- Le château de Martinvast — Page 143
- L'abbaye de Mortemer — Page 149
- La dame blanche de Palavas-les-Flots — Page 155
- La maison de Henri Désiré Landru — Page 163
- Le château de Combourg — Page 169

- La légende du fantôme des Tuileries   Page 177
- L'église d'Incarville   Page 185
- Le Château-Gaillard   Page 191
- La maison qui saigne   Page 197
- Le phare de Calais   Page 205
- Le château des lumières   Page 213
- Les Catacombes   Page 221
- L'Opéra Garnier   Page 229
- Le château du Tourneur   Page 235

LA MAISON D'HEMPEMPONT

Villeneuve d'Ascq-Nord (Hauts de France)

La maison hantée de Hempempont, maison d'architecture hitchcockienne a tout pour alimenter les rumeurs. Son histoire parle d'un enfant disparu dans des conditions étranges, d'un fantôme, d'un suicide. Devenue église évangélique, un incendie va la ravager faisant penser à une malédiction. Aujourd'hui démolie, elle continue d'alimenter les chroniques. Voici l'histoire de la maison d'Hempempont.

La maison d'Hempempont est située à Villeneuve-d'Ascq, dans le département du Nord. Elle reste la plus connue des maisons hantées dans le milieu des chasseurs de fantômes. On parle de maison maudite, de maison hantée par un fantôme, de malédiction. Ici, toute l'histoire serait partie d'une famille qui aurait perdu un jeune enfant dans des conditions étranges à l'intérieur de la maison.

La maison a eu plusieurs propriétaires, qui, d'après la légende, n'y resteront pas longtemps à cause des phénomènes de hantise qui s'y produisent. On parle d'un fantôme, de bruits suspects… Et lorsque ce sont les évangélistes qui s'y établissent pour y installer leur église, là encore, ils n'y resteront pas longtemps à cause d'un incendie criminel qui va ravager la maison.

Et lorsqu'en juin 2015, la maison est détruite par des pelleteuses, on vient presque à regretter que ces engins de chantier ne subissent pas de pannes mécaniques pour alimenter les rumeurs. Mais non, rien de tel sur le chantier de démolition et aujourd'hui, cette maison qui a tant défrayé la chronique n'existe plus.

L'histoire de la maison d'Hempempont

Nous sommes en 1939. La maison d'Hempempont abrite une petite famille discrète, lorsque cette même famille déclare la mort de leur enfant de 5 ans, à l'intérieur de la maison, disparu dans des conditions inexpliquées. Les causes de la mort sont encore aujourd'hui inexpliquées.

Après la mort de cet enfant, plusieurs faits étranges se produisent dans la maison, comme des bruits de pas, accompagnés par des cris ou des pleurs d'enfants. Ces sons sont entendus par plusieurs témoins.

Dans la maison, plusieurs locataires se sont succédés et la plupart ont subi des phénomènes étranges les obligeant à déménager. On parle même de trois locataires, trois hommes, qui se seraient pendus dans la chambre de l'enfant disparu. Et il n'en faut pas moins pour qu'une légende naisse.

Le propriétaire de la maison a entrepris des travaux de rénovation. Plusieurs entreprises de bâtiment ont été appelées sur les lieux pour procéder à ces rénovations. Et l'on dit que certains ouvriers ont trouvé leurs travaux de maçonnerie endommagés durant la nuit. Là encore, il n'y a aucune explication à ce phénomène, sauf peut-être celle du plaisantin qui entrerait sur le chantier la nuit et qui détruirait le travail des ouvriers afin de prolonger la légende de la maison hantée.

En septembre 2006, la maison hantée d'Hempempont devient une Église Évangéliste. Et aucun phénomène paranormal ne fut mentionné. La bâtisse retrouva son calme. Jusqu'à la fin de l'année 2014, où un incendie la ravagea, un acte criminel commis par deux frères âgés de 18 et 26 ans. Ils seront condamnés par la justice à 18 mois de prison le 8 janvier 2015. Et leur mère à 3 mois de prison pour recels d'objets volés ; car oui, l'incendie a été perpétré dans le but de cacher un cambriolage et d'effacer toutes les traces.

Après l'incendie

Article de presse :

Le pasteur Emmanuel Kamondji, chef de l'église Évangéliste de Hempempont, a veillé personnellement à la destruction du bâtiment. Et d'après les rumeurs, le démolisseur lui-même a pris ses précautions. D'habitude, plusieurs ouvriers sont au pied de la pelle hydraulique pour trier les matériaux. Mais là, l'ordre est donné de mettre d'abord la maison à terre avant de trier, histoire d'éviter d'éventuelles tuiles volantes… Comme quoi la rumeur est tenace.

Et les travaux démarrent. On s'attendrait presque à des pannes mécaniques des engins, à des accidents… mais la maison se laisse démolir sans broncher. C'en est presque décevant. Et lorsque la maison s'écroule, le pasteur est nostalgique, lui qui avait tant fait pour sa rénovation.

Depuis l'incendie, les fidèles ont trouvé refuge dans une maison d'un particulier. Emmanuel Kamondji pense parfois à faire reconstruire son église à Hempempont, mais l'indemnisation de l'assurance ne lui permet pas de réaliser un tel projet. Alors oui, parfois il pense que le site est peut-être maudit.

Source :

https://associationwilliampenndaideauxroms.wordpress.com/2020/01/03/la-maison-hantee-de-villeneuve-dascq/

L'ÉGLISE NOTRE-DAME DE NESLES

Nesles (Hauts de France)

Une légende répandue sur Internet. Cela fait exactement 56 ans qu'une histoire invraisemblable est associée à l'édifice. Un monument qui dégage une drôle d'atmosphère et qui conserve ses secrets. Plusieurs sites Internet rapportent que l'orgue de l'église aurait fait entendre sa musique et qu'une forme blanche aurait été aperçue le même jour. On prétend que l'harmonium aurait joué alors qu'il était condamné par un cadenas. Ce sont des jeunes filles, à l'époque, qui auraient croisé à l'intérieur de l'église une dame ou une forme blanche à l'allure féminine.

Qu'en est-il vraiment ? Difficile de vérifier tel ou tel fait. Mais il suffit d'errer aux abords de l'église Notre-Dame pour comprendre que le lieu dégage une drôle d'atmosphère. Pour celles et ceux qui oseraient s'aventurer dans l'édifice, ils seront frustrés. Une petite porte en bois donnant sur la sacristie invite à découvrir l'intérieur de l'église… elle est fermée. Sa poignée tourne inlassablement dans le vide, tout en émettant un grincement qui semble résonner dans le bâtiment religieux.

Des observations troublantes

Autre élément qui interpelle, les vitraux de l'église Notre-Dame sont doublés par une deuxième fenêtre beaucoup plus épaisse. Un immense carreau qui donne l'impression de vouloir calfeutrer quelque chose. Quoi ? Le bruit de l'orgue qui continuerait à jouer certains soirs alors que l'église est toujours fermée... Allez savoir.

Difficile de dire si oui ou non l'église de Nesles est réellement hantée. Toujours est-il que l'atmosphère régnant dans son proche environnement est assez troublante. Rien de tel pour donner matière aux ragots qui évoquent de prétendues légendes.

Source :

https://www.lasemainedansleboulonnais.fr/art/boulonnais/une-legende-pretend-que-l-eglise-notre-dame-de-nesles-ia679b0n152770

L'AVENUE FROCHOT ET SA MAISON HANTÉE

Paris (Ile de France)

Dumas, Goncourt, Delacroix, Musset, Berlioz, Théophile Gautier, Flaubert, Lautrec, Renoir, Hugo, Django Reinhardt… Voici quelques-uns des prestigieux habitants qui se sont succédés avenue Frochot. Cette impasse bordée de maisons et d'arbres, fermée par une haute grille fait rêver… et frisonner. Une légende suggère que la maison néo-gothique située au n°1 serait maudite.

Il s'agirait d'un lieu maudit où meurtres, morts mystérieuses et tragiques, ou encore départs soudains des résidents se seraient succédés… La nuit, en tendant l'oreille, on y entendrait encore de sinistres bruits.

« Il n'y a eu que du malheur » confie Catherine, voisine de l'avenue Frochot dont la fenêtre donne sur la maison construite en 1823, théâtre de nombreux drames et phénomènes inexpliqués. Morts violentes, assassinats, bruits sinistres et drôles de vibrations … « Je regrette d'y avoir mis les pieds. » Catherine a seulement franchi la grille du jardin et pourtant elle serait déjà maudite par cet esprit maléfique qui agite la demeure. L'origine de cette malédiction : une femme de chambre assassinée à coups de tisonnier dans les escaliers au début du XXe siècle. Le meurtre n'ayant jamais été élucidé, son esprit hanterait encore les lieux… Pierre Bellar, un habitant du quartier, a déjà été invité dans la maison hantée. « La nuit on y entendait des bruits sinistres et la maison bougeait. » Ce libraire, de formation scientifique avance une explication rationnelle : « L'avenue Frochot est construite sur d'anciennes carrières de pierre calcaire. Ce qui provoque des bruits sourds et des secousses. »

Les rares courageux propriétaires seraient les victimes des tourments de cette servante. Jack Nicholson s'était intéressé à la maison. Sylvie Vartan l'a rapidement fuie. Le journaliste et chroniqueur Mathieu Galey s'y sentait comme dans un « tombeau ». Ce dernier a fini par y mourir, paralysé, tout comme le compositeur Victor Massé. Deux vieilles sœurs auraient été assassinées au gourdin… Le dernier propriétaire, Patrick de Brou de Laurière, mécène très fortuné, avait été séduit par la décoration baroque et boisée de la villa. Empreint de spiritualité et adepte de magie, il a fini par s'inquiéter de cette histoire de fantômes et fait exorciser la maison par un ami, un curé périgourdin. Depuis le décès de ce dandy, la maison a été léguée au professeur de médecine Jean-Jacques Giraud. La légende du fantôme l'amuse. Lui ne l'a jamais vu, ni entendu.

Sources :

http://parismamanetmoi.com/2016/01/17/avenue-frochot-et-sa-maison-hantee/

https://www.sous-les-paves.com/histoires-et-anecdotes/maison-hantee-de-lavenue-frochot/

https://gavroche60.wordpress.com/2014/03/06/la-maison-hantee-de-lavenue-frochot-ecrin-malefique-2/

LE CHÂTEAU DE MONTAIGNE

Saint-Michel-de-Montaigne

(Nouvelle-Aquitaine)

Entre les murs du château de Montaigne se passent parfois des choses étranges. Le château se situe à St Michel de Montaigne, en Dordogne, entre st Emilion et bergerac. C'est ici que l'écrivain et philosophe Montaigne a vécu sa vie, entre 1533 et 1592, son enfance et sa retraite se dérouleront principalement dans ce château. Lorsqu'en 1568, le père de Montaigne décède, c'est lui qui récupère la grande fortune et le domaine, où il se retire donc pour les jours qui lui restent à vivre.

C'est entre ces murs qu'il consacre son temps à la méditation, à la lecture de milliers d'ouvrages rassemblés dans sa bibliothèque aménagée au dernier étage de la tour qui devient son repaire.

Il s'approprie la pièce, fait graver sur les poutres du plafond des maximes du scepticisme antique et des sentences de l'Ecriture Sainte, qui forment aujourd'hui un témoignage de sa pensée humaniste : "Je suis homme, rien de ce qui est humain ne m'est étranger" (Térence). Il commence également à coucher par écrit ses réflexions et notamment ses Essais dont il publie le premier recueil en 1580.

Outre l'histoire de cet auteur célèbre, le château de Montaigne est encore plein de mystères. Peut-être que l'esprit de Montaigne lui-même y règne encore. Dans les châteaux de cette taille, les phénomènes sont parfois inexplicables. Xavier Loriaud, le directeur actuel en a un vécu un. Lors d'une nuit, Xavier a reçu un appel, celui de la vidéo-surveillance du château, qui remarque de la pluie dans une pièce. Arrivé sur place, pas de trace d'humidité dans cette pièce. Xavier croit alors à une erreur, mais non, des photos lui sont envoyées.

Cette histoire étrange s'accompagne d'autres, comme celle d'une équipe de film qui auraient entendu des bruits parasites inexpliqués, et qui se seraient arrêtés à la simple demande d'un membre de la production adepte de paranormal.

Source :

https://www.francebleu.fr/emissions/la-vie-de-chateau-en-perigord/perigord/les-phenomenes-paranormaux-du-chateau-de-montaigne

LA MAISON DE VAILHAUQUÈS

Vailhauquès (Occitanie)

L'affaire de Vailhauquès débute un soir du mois de novembre 1987, lorsque madame B. entend des bruits sourds dans sa maison. Ne s'inquiétant pas, elle préfère n'en parler à personne. Pourtant, les bruits se répètent, et tous les habitants se mettent à les entendre. Ils apparaissent seulement la nuit. Voici comment les décrit le propriétaire des lieux :

"Ces bruits sont très sourds au départ (que nous situons dans le garage), ils arrivent progressivement, s'amplifient dans l'appartement. Cela peut ressembler à la dilatation d'une cuve en métal ou bien à une dalle de ciment qui tomberait sur le plancher ou bien encore le bruit d'une portière. Quelquefois, la force et la résonance sont invivables."

(Midi Libre 20/2/88)

Et pour ajouter au mystère, il est impossible de localiser la source du bruit. Cependant, les gendarmes présents sur les lieux la nuit du 16 au 17 janvier, s'ils confirment la résonance métallique des coups rapportés par de nombreux témoins, indiquent le coté Nord-Est de la bâtisse comme "source" possible (PV de renseignement judiciaire, pièce n°1 du rapport de Gendarmerie). Les nuits de la famille se transforment en cauchemar.

Entre novembre et février, quasiment toutes les nuits sont marquées par le phénomène. Mr B. établit un relevé (pièce n°8 du rapport de Gendarmerie) : entre le 7 décembre 1987 et le 21 janvier 1988, seules 7 nuits resteront calmes. Le record sera de 113 coups pour la seule nuit du 23 au 24 janvier ! (La gazette de Montpellier 5/2/88, Le Monde 16/2/88) Le phénomène est "répétitif" et s'est manifesté à "des heures irrégulières la nuit pendant les premières semaines avant de devenir plus irrégulier" (Extrait du PV de renseignement judiciaire suite à l'audition de G. B. par la Gendarmerie, le 22/1/88).

Devant ce qui leur arrive, les B. sont déstabilisés. On le serait à moins... Ils ne restent cependant pas inactifs.

Première étape, faire constater le bruit par des témoins. Parmi eux, Jean-Marie Boude, qui, le 9 janvier 1988, vers 23h, entend une quinzaine de "coups". Étant employé au Service des eaux, il fait couper la conduite allant de Vailhauquès à

Montarnaud durant la nuit du 18 au 19 janvier, de 22h à 6h. Rien ne change : entre 23h20 et 3h30, les coups reviennent...

Ils font aussi appel à Marc Eulry, géologue du Bureau de Recherches Géologiques et Minières (BRGM). Il vient une première fois, la nuit du 16 au 17 décembre. Rien... Il revient la nuit du 14 au 15 janvier. Cette fois, les coups se font entendre :

"Ceux-ci étaient peu audibles au début et très espacés. Au fur et à mesure de leurs manifestations, l'intensité de la vibration augmentait et les coups devenaient de plus en plus rapprochés. A l'aide d'un verre plaqué contre le mur Nord-Est du séjour, j'ai écouté la résonance afin d'essayer de la localiser. Cela me semblait provenir du sous-sol de la maison et nous sommes descendus dans la remise

Il y a eu une interruption courte et le bruit s'est à nouveau déclaré. J'ai alors écouté contre le pilier en béton ancré au beau milieu de la remise et j'ai entendu le bruit de façon plus nette. Il me semblait émaner du sol mais je n'ai pas pu localiser la source qui semblait se déplacer. Tout cela n'est que très subjectif car je n'étais pas en possession de matériel adéquat (...) J'ai conclu qu'il ne s'agissait pas de mouvement de sous-sol susceptible de provoquer des désordres dans la construction et susceptibles de mettre en danger ses habitants.

À mon avis, l'hypothèse du phénomène purement naturel semble devoir être écartée du fait du caractère répétitif et régulier de cette manifestation sonore. Il se peut toutefois que la structure de la maison et les caractéristiques du sol d'assise favorisent la propagation et l'amplification d'une vibration d'origine lointaine."

(Extrait du PV d'audition du 6/2/88 de Marc Eulry, pièce n°5)

Toujours sans réponses à leurs interrogations, les B. demande le renfort de la brigade de Gendarmerie de Saint Gély du Fesc, dont dépend la commune de Vailhauquès. Laquelle constate les nombreux témoignages et leur concordance dans la description du phénomène. Ils vérifient aussi que celui-ci n'ait pas été occasionné par un farceur ou quelqu'un cherchant à nuire aux B.. Sans résultats...

Avec l'accord des B., la Gendarmerie contacte le 19 janvier Yves Lignon et son "Laboratoire de parapsychologie". Cet enseignant toulousain se rend sur les lieux le 30 janvier, accompagné de ses collaborateurs Marc-François Michel et Thierry Dupont. Ils recueillent les témoignages des habitants, se livrent à différents tests : générateur aléatoire avec les propriétaires, le fils étant absent, et deux voisins (nous reviendrons plus loin sur cet appareil), vérification de l'existence d'un effet radar parasite (négatif). De plus, ils sont témoins de quatre coups que leur appareillage ne leur permet pas d'enregistrer avec une qualité satisfaisante. Le matériel rassemblé permet néanmoins à l'équipe toulousaine d'être très claire :

"Il s'agit d'un phénomène naturel de type psycho-kinése (action de la pensée sur la matière). Ce phénomène assez rare en parapsychologie est provoqué inconsciemment par les occupants de la maison à la suite d'une brusque décharge émotionnelle consécutive à un conflit avec le voisinage."

(Midi Libre, 1/2/88)

L'équipe annonce son retour prochain avec du matériel plus adéquat.

Cependant, cette "explication" ne satisfait pas Monsieur B. qui décide de faire appel à un exorciste. Virulente réaction de Lignon, qui juge sa présence incompatible avec "certaines pratiques". Cependant, Georges B. fait appel à ses amis prêtres et leur demande de prier pour lui et sa famille. Le soir suivant, il n'y aura que 4 coups, qui paraissent moins forts que les jours précédents (La Gazette de Montpellier, 5/2/88).

Le 6/2/88, Midi Libre ré-ouvre ses colonnes à Jean Vianès, l'ancien chroniqueur scientifique du journal, alors en retraite. Il réintroduit la piste géologique, alors très en retrait dans les esprits, en argumentant que les bruits pourraient être occasionnés par des phénomènes connus sous le nom de "paradoxe de Venturi" et "coup de bélier". Mais qui l'entend ? Nous reprendrons plus loin ses explications.

La venue de Yves Lignon, et ses conclusions, ont en tout cas donné une ampleur nationale à cette affaire. Elle dépasse désormais le cadre de la presse régionale, qui présente Lignon comme la clé du mystère : "Le parapsychologue qui a déjà résolu plusieurs mystères de ce type..." (Midi Libre, 1/2/88 ; "Professeur de mathématiques à l'université Toulouse-Le Mirail (...) [il] est l'un des seuls spécialistes français de parapsychologie" (La gazette de Montpellier, 5/2/88). Le 11 février, Midi Libre annonce le retour de l'équipe en ces termes : "Lignon avec des renforts". Les principales chaînes de télévision dépêcheront des envoyés spéciaux. Des magnétiseurs, radiesthésistes, médiums, voyants, exorcistes amateurs rôdent autour de la maison qui devient un lieu touristique pour les promeneurs du dimanche.

En fait, l'équipe est revenue le mercredi 10 février afin de mener une étude plus large. Une trentaine de personnes vont assister à ce que Lignon nommera un "exorcisme scientifique". Vous avez bien lu : "exorcisme scientifique". C'est l'expression qu'utilisera l'enseignant toulousain, vers 5 heures du matin, le 11 février, pour qualifier son travail. Et il ajoute qu'"il ne se passera probablement plus jamais rien" (Midi Libre, 12/2/88). Sortie de l'équipe du Laboratoire de parapsychologie de Toulouse...

Le samedi 13/2, toujours dans Midi Libre, Jean Vianès revient à la charge, en précisant comment les phénomènes de "coup de bélier" et "paradoxe de Venturi" pourraient s'articuler avec la périodicité nocturne du phénomène. Ce même jour, Gilly revient sur place avec des assistants. L'un d'eux descend dans le puit de la maison, frappe à plusieurs reprises contre les parois, produisant un bruit dans la maison que les B. décrivent comme identique à ceux qui hantent leurs nuits depuis trois mois...

La presse locale change alors son fusil d'épaule :"La géologie passe, les esprits trépassent " titre La gazette (19/2/88), précisant que les bruits "devraient se résorber lorsque le niveau d'eau du massif aura baissé...", tandis que

Midi Libre annonce qu'il n'y a "Plus de mystère à Vailhauquès". Et de poursuivre "Au panier l'ordinateur d'Yves Lignon qui en grand gourou s'est livré à un véritable exorcisme scientifique et coup de chapeau à l'ancien chroniqueur scientifique de Midi Libre..." (Midi Libre, 16/2/88). Cependant, La gazette précise que Lignon pense que l'hypothèse géologique est possible mais pas unique. Pour lui, l'hypothèse de la psychokynèse reste d'actualité.

Et les bruits ? Ils continuent encore longtemps. La gazette du 11 mars 1988 précise que pour la seule nuit du 2 au 3 mars, on en a entendu 80... Cependant, le bruit s'est atténué. Il faudra attendre la mi-mars pour que le silence revienne : "Silence à la maison qui frappe" annonce La gazette du 1/4/88, qui constate que cela confirme l'hypothèse hydrogéologique "Car il fallait ces deux mois de sécheresse pour réguler les réseaux hydrauliques, assécher la terre et vérifier l'influence des pluies exceptionnelles." Cet arrêt des bruits est confirmé par le rapport de gendarmerie :

"Mentionnons que le 28 mars 1988, une communication téléphonique des époux B. nous a permis d'apprendre que les bruits avaient cessé de les importuner depuis plusieurs jours. La disparition de ce phénomène semble devoir être liée à l'assèchement naturel des nappes phréatiques provoqué par le manque de pluie."

Et le rapport de conclure :

"Des diverses investigations entreprises par les différents organismes qui se sont rendus sur place, la thèse du phénomène naturel à caractère hydrologique semble être la plus probable."

(PV de renseignement judiciaire, pièce n°1, feuillet 3).

Deux ans après, les B. déménagent, laissant la place aux propriétaires actuels. Ils n'ont jamais entendu de bruits similaires, cette histoire les amuse beaucoup, et ils sont ravis de vivre dans cette demeure.

Si la disparition des bruits marquait la fin de cinq mois terribles pour les B., cette affaire allait laisser la place à une controverse qui dure encore aujourd'hui.

Source :

http://www.zetetique.ldh.org/vail1.html

LA PHARMACIE DE SAINT-GEORGES-DU-VIÈVRE

Saint-Georges-du-Vièvre (Normandie)

L'histoire remonte au mois de décembre 1929. À cette époque, la pharmacie du petit village de Saint-Georges-du-Vièvre (Eure) aurait été en proie à des événements surnaturels. Le pharmacien de l'époque, Aimé Gourlin, avait constaté de nombreux événements totalement inexplicables. Déjà, le 10 décembre de cette année-là, le tuyau du poêle à bois de son laboratoire est tombé soudainement. Jusque-là, pas de quoi s'inquiéter. Mais, après avoir tenté de le refixer, sans succès, le pharmacien a décidé de le laisser de côté, sur un meuble voisin. Puis, par trois fois, sans qu'il ne puisse se l'expliquer, ce tuyau est tombé à terre.

Comme par magie. Dans les jours et semaines qui suivirent, des boîtes de cachets, des bocaux ou encore des mortiers sont tombés au sol de façon répétée. Certains contenants se seraient même déplacés d'une étagère à l'autre. Sans que jamais d'explication plausible ne soit trouvée. Pourtant, Aimé Gourlin était loin d'être « superstitieux », raconte aujourd'hui Étienne

Leroux, ancien maire mais aussi arrière-petit-fils du pharmacien. Si cette histoire très connue ne date pas d'hier, elle suscite encore de vives réactions dans la commune.

<u>Une enquête de gendarmerie menée</u>

Car, pour beaucoup, il n'y a aucune explication rationnelle à apporter à ce qu'il s'est passé. Si l'on est tenté de croire à une mauvaise blague et que la situation peut prêter à sourire, le sujet reste, pour les Saint-Georgeais, très sérieux. Voire sensible. Et pour dire, suite à ces événements qui ont duré du mois de décembre 1929 à janvier 1930, une enquête de gendarmerie a même été diligentée. Une enquête on ne peut plus sérieuse dans laquelle les forces de l'ordre avaient constaté « de nombreux dégâts sans jamais prendre en flagrant délit un potentiel malfaiteur », détaille Étienne Leroux.

Et dans leur rapport, les gendarmes ont recueilli de nombreux témoignages d'habitants comme celui d'Alphonse Lhermitte, menuisier, qui expliquait aux enquêteurs de l'époque : « Le 27 décembre 1929, dans l'après-midi, je me trouvais chez M. Gourlin, occupé à prendre les mesures d'un casier. La porte du laboratoire était ouverte, et il ne s'y trouvait personne. Tout à coup, j'ai entendu un bruit formidable. Je suis allé dans cette pièce avec M. Gourlin et nous avons constaté qu'un mortier de 20 kg se trouvait par terre, à 1 m 50 environ de son socle qui était resté debout. » Si les gendarmes étaient tentés de croire à une totale invention du pharmacien, les témoignages, de plus en plus nombreux, n'ont fait qu'accentuer leurs doutes.

<u>La bonne, victime d'une malédiction ?</u>

À terme, Aimé Gourlin a constaté que ces événements surnaturels ne se produisaient qu'à une seule condition : quand sa bonne, une certaine Andrée Foutel, était dans les locaux de la pharmacie. Certains vinrent à penser que la jeune fille était « ensorcelée ». À une époque où les sorciers et autres « jeteux » de sorts étaient encore dignes de parole d'évangile dans les campagnes, on associa ces événements à un « poltergeist ».

Un poltergeist ? C'est un phénomène paranormal consistant en des bruits divers, des déplacements, apparitions ou disparitions d'objets et autres phénomènes a priori inexplicables. En général, ils sont considérés comme des phénomènes qui seraient liés à la présence d'un esprit perturbé, capable d'interagir avec les objets par sa seule force mentale.

Mais qui aurait donc ensorcelé la jeune Andrée ? D'après les témoignages de l'époque, de nombreuses personnes ont pointé du doigt une certaine Mlle S. B. Une jeune femme de 20 ans, jalouse de la bonne qui aurait été embauchée à sa place, et qui se serait procuré des livres de magie. Mais, se voyant désignée comme sorcière par l'opinion publique, la jeune S. B. aurait porté plainte pour diffamation. Voyant la polémique enfler et les pertes financières dues aux pots cassés s'accumuler, le pharmacien n'a eu d'autre choix que de se « séparer de sa bonne », explique l'ancien maire. Puis, une fois la jeune Aimée partie, la pharmacie a retrouvé son calme habituel et plus aucune manifestation surnaturelle n'a été constatée.

Source :

https://actu.fr/normandie/saint-georges-du-vievre_27542/a-saint-georges-du-vievre-l-histoire-de-la-pharmacie-hantee-reste-toujours-inexpliquee_38579179.html

LE CHÂTEAU DE STEENE

Steene (Hauts de France)

À travers le rideau d'arbres, vous apercevez une magnifique demeure de la fin du XVIe siècle (1571). Avec ses douves, ses quatre tours d'angles, ses pans à pas de moineaux typiques, sa composition est pratiquement restée identique depuis cette date. Il entre dans la famille Zylof en 1679. Elle y restera jusqu'au XXe siècle. Un château au charme champêtre, mais qui fut pourtant le théâtre de phénomènes étranges…

Le premier témoignage remonte en 1968 lorsque la famille Landais rachète le château pour en faire un restaurant. Olivier Berger en fait le récit dans un article de la Voix du Nord daté du 22 juillet 2007. Madame Landais aperçoit une silhouette au 1er étage qu'elle prend pour sa fille. Or, celle-ci affirme ne pas avoir quitté le rez-de-chaussée. Elle est également témoin de placards qui s'ouvrent soudainement dans sa chambre, d'objets projetés au sol, et même de couteaux plantés dans la poutre de la cheminée. Une enquête est ouverte sans résultat.

Enfin, il a neigé le 26 décembre 1970. On peut voir distinctement des traces de pas d'enfants laissées sur les douves gelées… Mais aucune n'y entre ou n'en ressort !

En 1987, Marc Lambert rachète la propriété pour en faire un complexe hôtelier haut de gamme. C'est moins d'un an plus tard qu'il est témoin, lui aussi, de phénomènes de poltergeist. Il confie au journaliste qu'il entend quelquefois une voix féminine venant du salon des musiciens. Une voix que vont entendre aussi, une nuit de 1988, des jeunes ouvriers en train de débroussailler les douves. Apeurés, ils refuseront de dormir au château…

Mais qui est ce fantôme qui semble hanter les lieux ? C'est un vieux jardinier qui va confier l'énigme à la famille. Une petite fille serait morte dans le parc du château vers 1850. Elle serait décédée des suites d'une chute d'un arbre ou d'une chute dans les douves en présence d'un garde-chasse qui n'aurait rien pu faire. Depuis, elle se manifeste régulièrement et seules des fleurs sur sa tombe peuvent l'apaiser. Seul problème, nul ne sait de quelle tombe il s'agit, ni quel est le nom de cette enfant… Aucune mention d'une petite fille morte dans ces années-là n'apparaît sur le caveau familial des Zylof.

De plus en plus inquiète par ces phénomènes qui se répètent, la famille Landais finit par vendre la propriété et partir. Cette petite fille continue-t-elle de hanter le château de Steene ? Mystère…

Source :

https://nord-decouverte.fr/chateau-hante-stennebourg/#prettyPhoto

LA MAISON HANTÉE DE ROGÉVILLE

Rogéville (Grand Est)

Des médiums se sont penchés en 1984 sur les étranges phénomènes que subissaient les habitants d'une maison du centre du village de Rogéville dans le Toulois.

La première fois, c'était en septembre 1983. Madame Aubert, qui possède et veut vendre à l'époque cette maison très commune – mais si particulière – du centre du village de Rogéville, près de Toul, raconte : « Des bruits, en haut, comme si l'on déménageait. Puis ça a recommencé, le 20 septembre exactement. Le matin, puis encore l'après-midi, une chaise s'est déplacée d'un bout à l'autre de la chambre. Une autre fois, c'est la lampe de chevet qui est tombée… Un peu plus tard, le bureau a aussi changé de place », raconte-t-elle aux journalistes locaux qui l'interrogent. Madame Aubert en parle au maire, qui fera fermer la pièce à clé trois jours. Rien ne se produit, les objets ne bougent plus. Elle ose se confier à des médecins… qui lui répondent que cela peut venir de ses filles !

« Quelle peur »

Plus troublant, encore, ils n'ont pas l'exclusivité des esprits frappeurs : ainsi, les précédents occupants des lieux ont également vécu d'étranges manifestations. « Surtout entre 1957 et 1964. Un jour que nous étions dans la chambre, une pantoufle posée sur une chaise s'est brusquement soulevée devant nous et fut projetée à plusieurs mètres, dans une autre pièce, passant au travers d'une porte vitrée. Quelle peur », déclara la mère de famille.

Pour en avoir le cœur net, les Aubert font finalement appel au Cercle spirite Allan Kardec, de Nancy, du nom du plus grand médium français, fondateur du spiritisme au XIXe siècle. À l'issue des « transes médiumniques » qui permettent d'entrer en communication avec l'au-delà, trois « entités » se manifestent. L'une d'entre elles se serait exprimée en ces termes : « Il y a eu un orage, tout s'est écroulé sur moi, je veux sortir, c'est pour ça que je frappe. Je suis Eugène Robillard ». La deuxième serait un officier allemand de la Seconde Guerre mondiale ; la troisième, qui semblait convoiter la maison, avait pour objectif... d'en effrayer ses habitants !

Source :

https://www.republicain-lorrain.fr/actualite/2012/07/28/la-maison-hantee-de-rogeville

L'ABBAYE DE FONTAINE-GUÉRARD

Radepont (Normandie)

Dans le cadre enchanteur de la vallée de l'Andelle, il était jadis une communauté de femmes consacrée à la prière et à la méditation. Fondée en 1190 au pied d'une source miraculeuse, «la fontaine qui guérit », et rattachée à l'ordre de Citeaux en 1207, l'abbaye Notre-Dame de Fontaine-Guérard, à Radepont, a été achevée en 1253.

Malgré les sévices de la Révolution de 1789 et l'utilisation des pierres pour construire la filature toute proche, les bâtiments subsistants en font un des plus beaux chefs-d'œuvre de l'architecture gothique anglo-normande du début du XIIIe siècle, où la rigueur cistercienne prend toute sa pureté.

Mais l'abbaye, c'est aussi une histoire chargée et des faits insolites qui contribuent à auréoler le lieu de mystères... Certains assurent même avoir ressenti une ou plusieurs « présences ». Que sait-on vraiment de cet endroit ? Que s'y est-il passé ?

L'eau tient une place de choix dans ce lieu de spiritualité. L'Andelle coule à proximité et la fameuse « source qui guérit » est située au sein même de l'abbaye, d'où elle jaillit en plusieurs endroits, toujours visibles. On dit qu'elle possède des vertus, en particulier pour soigner les maladies de peau.

Autre fait intéressant : une chouette et une vouivre sont représentées dans la salle capitulaire. Ornement rarissime pour une abbaye cistercienne, dont le décor est sobre.

Un drame a marqué l'histoire du site. Lassée des mauvais traitements infligés par son mari, Marie de Ferrières est venue s'y réfugier. Mais son époux, le seigneur d'Hacqueville, la fait assassiner dans l'abbaye, en 1399.

Autre époque, autre ambiance. En 1792, François Guéroult, nouveau propriétaire, décide de créer une filature dans le dortoir des moniales. Il fait agrandir les fenêtres pour pouvoir y acheminer machines et balles de coton. Jugeant la manufacture trop petite, il utilise alors les pierres de l'abbaye pour construire des bâtiments ailleurs. L'industriel Levavasseur reprend le flambeau et érige, à quelques centaines de mètres, sa « cathédrale usine », aujourd'hui souvent confondue par les profanes avec l'abbaye.

La spiritualité n'a pas tout à fait quitté les lieux. On la retrouve dans les jardins, revisités et reproduits par l'Armée du salut dans les années 2000. Au jardin des simples avec les plantes médicinales succèdent le jardin des quatre éléments et celui de la méditation.

Dernier mystère : dans le parc, un pin et un marronnier, dont les essences ne se marient pas d'ordinaire, entrelacent leurs branches. Est-ce en souvenir des « deux amants », Raoul et Mathilde, dont l'amour contrarié est notamment raconté dans un lai de Marie de France et qui ont donné leurs noms à une côte, à Romilly-sur-Andelle ?

Les chasseurs de fantômes en visite

Olivier Monpoint est propriétaire de l'abbaye depuis 2013.

Il a souhaité lui redonner une vie culturelle, avec un programme varié, concocté par l'association Esprit de Fontaine-Guérard, dont il est aussi le président : visites guidées, conférences, expositions, festivités (comme les Médiévales ou la Fête des potiers) ...

Olivier Monpoint n'en est pas moins déconnecté du mystère qui entoure les lieux et des « chasseurs de fantômes » qui investissent l'abbaye certaines nuits, « par petits groupes de cinq ou six maximum », avec son accord. Ces investigations sont précédées d'une visite et d'un pique-nique.

« De nombreux personnages ont imprégné le site. C'est ce souvenir que les chasseurs de fantômes viennent retrouver, munis d'appareils sophistiqués qui détectent les ondes ou de caméras pour saisir d'éventuelles manifestations. Ils se lancent dans chaque pièce en quête d'apparitions paranormales, décrit le propriétaire. Leurs témoignages sont différents d'une nuit à l'autre : le dortoir des moniales et la salle capitulaire sont plutôt calmes. La salle de travail, elle, interroge. De petits cailloux y sont jetés en direction des intrus. Des voix ou des chants y sont également entendus. »

Dans la sacristie, on devine clairement une présence. « Celle du prieur ? questionne Olivier Monpoint. Des femmes se sont senties repoussées, comme si son âme leur interdisait l'accès. D'autres ont senti qu'on leur caressait les cheveux. »

Au cellier, « des bruits sourds sont perçus. Ceux des barriques de vin qu'on y conservait ? Des coups sur les portes sont également entendus. Certains ont même vu des formes, des silhouettes, une femme. Réfugiée pour échapper aux révolutionnaires de 1789 ? »

Le propriétaire juge « que la présence des deux amants de la légende, qui ont été enterrés ici au XIIe siècle, et l'assassinat de Marie de Ferrières dans le chœur de l'abbatiale, et dont on voit le gisant, ne sont pas étrangers aux manifestations paranormales observées ». Et de conclure : « Mais préservons le silence de ce lieu de prière, ne dérangeons pas trop souvent les âmes qui l'habitent, elles veillent sur l'abbaye et l'abbaye est à elles. »

Source :

https://www.paris-normandie.fr/art/region/paranormal-dans-l-eure--l-abbaye-de-fontaine-guerard-entre-fantomes-legendes-et-mysteres-IC15351768

LA CLINIQUE DES ALLONGÉS

Arcachon (Nouvelle-Aquitaine)

En 1963, pendant cinq mois, médecins et malades de la clinique du Docteur Cuénot sont la cible de mystérieux jets de pierre semblant venir d'une pièce verrouillée.

Après un hiver glacial, et d'incessantes pluies en début du printemps 1963, les résidents de la clinique Cuénot profitent du moindre rayon de soleil pour s'installer sur la terrasse de l'établissement, face à la mer, allongés sur leurs voiturettes. Ce jour de mai, le petit groupe est soudain importuné par une pluie de cailloux, dont la provenance reste difficile à repérer. Quelques infirmières se précipitent dans la demeure, ouvrent quelques portes, mais rien de bien probant ne permet de savoir d'où viennent ces cailloux.

Les jours suivants, les semaines suivantes, les jets se répètent, de façon aléatoire, mais régulièrement. Et chose déplaisante, il est toujours impossible de savoir d'où les projectiles sont lancés. Éclats de moellons, fragments de briques, débris de galets… Il semble de plus que les objets ne proviennent même pas de la bâtisse elle-même. Mystère….

Les incidents se répétant, le directeur de l'établissement, le Dr Alain Cuénot commence à s'inquiéter. D'autant que la rumeur enfle, on parle non plus de mauvais plaisant, mais de poltergeist. Le médecin va donc faire appel à une sommité, le Dr Robert Toquet.

<u>Depuis la maison vide</u>

Ce médecin, physicien et chimiste, s'intéresse tout particulièrement aux phénomènes métapsychiques ou surnaturels comme la télékinésie, les calculs prodigieux ou la transmission de pensée.

Délégué par l'Institut de métapsychique international, Robert Toquet vient à Arcachon mener sa petite enquête. Il raconte lui-même : « Au cours de la première nuit que je passai dans cette chambre, à 4 heures du matin, des coups relativement violents furent frappés à la porte de ma chambre. Au troisième coup, je me levai et j'ouvris brutalement la porte qui donnait sur un couloir parfaitement éclairé par des lampes électriques. Personne ne s'y trouvait. C'est alors que retentit le quatrième coup comme s'il avait été produit par un poing invisible, pendant que je sentais vibrer la porte… »

Le visiteur cite encore ce jour, où le personnel au complet, et tous les malades, se trouvaient réunis sur la terrasse quand les jets se sont produits. La maison était alors absolument vide… Parmi les malades se trouvait un policier parisien. Il décida d'enquêter, bien sûr… « Il leva la tête au moment précis où une grosse pierre, d'environ 200 à 300 grammes, était lancée par la fenêtre ouverte d'une chambre du deuxième étage du bâtiment côté est, désaffecté.

Il ne vit ni bras, ni tête, ni personne, mais seulement un caillou qui sortait de ladite fenêtre pour tomber sur le sol comme s'il était lancé du fond de la pièce par quelqu'un se cachant. L'étage, immédiatement exploré, fut trouvé vide et la porte de ladite chambre fermée à clef comme toutes les chambres inutilisées », raconte Robert Toquet.

Lui-même admet « le caractère paranormal de ce qui a été constaté » et se voit « dans l'impossibilité de les expliquer par des facteurs normaux d'interprétation ». Le Dr Cuénot a pourtant une petite idée. Un peu tordue, mais il est troublé par un faisceau de coïncidences.

Un début d'explication

Une malade âgée de 17 ans, Jacqueline, semble particulièrement visée par les jets de pierre. Ils se produisent toujours dans un endroit où elle se trouve. Et quand elle s'absente de la clinique, ceux-ci s'interrompent. Or, Jacqueline occupe la chambre d'une jeune fille qui a quitté l'établissement en juillet précédent, Angelina, et en présence de laquelle les premiers jets ont été observés. Le phénomène serait-il lié à cette chambre ? Les deux jeunes filles sont des adolescentes un peu instables. Perturbées, comme tout le monde, par la possible fermeture de leur clinique. Cuénot convoque la jeune fille pour un entretien le 1er septembre 1963. Les manifestations cessent immédiatement après. Le fin mot de l'historien, on ne l'a jamais su officiellement.

Qui était ce Dr Cuénot ? Un ancien des hôpitaux de Nancy, chirurgien orthopédiste estimé, fils du savant Lucien Cuénot. Après avoir contracté une tuberculose, Alain Cuénot a orienté ses recherches sur les maladies osseuses consécutives à la tuberculose. Et a, dans ce but, racheté en 1938 à Arcachon, ville de soins réputée pour son climat, la clinique du Dr Lalesque où l'on soignait déjà ce type d'affections. Il est aussi passionné par l'histoire et les civilisations, auxquelles il a consacré quelques ouvrages. Il reste d'ailleurs, semble-t-il, pas mal d'inédits.

Dans un de ses livres, « L'histoire incertaine » et plusieurs communications scientifiques, il évoque cet épisode mystérieux à la clinique des Allongés. Il a aussi été invité à l'ORTF avec son confrère Robert Toquet, pour un débat télévisé en 1967 à la suite de la diffusion d'un film, « Qui hante le presbytère de Borley ? », relatant une histoire similaire en Angleterre.

Aujourd'hui, la clinique a disparu. Sur son emplacement a été bâtie la résidence Maupassant, sur la promenade Veyrier-Montagnères.

Source :

https://www.sudouest.fr/2012/08/11/l-etrange-poltergeist-de-la-clinique-des-allonges-791981-2733.php?nic

LA MAISON "HANTÉE" DE MENTQUE-NORTBÉCOURT

Mentque-Nortbécourt (Hauts de France)

À Nortbécourt, quand on parle de maison hantée, tout le monde sait de quoi on cause. Le maire a été interpellé par la famille en question et il dit avoir été témoin de ces phénomènes. « J'allais de temps en temps chez eux prendre un café. Et c'est vrai que j'ai constaté des choses incroyables. Tout a commencé par des jets de cailloux sur la maison. » Jusque-là, beaucoup pensaient à des actes de quelques gamins du village. « On a fait le guet. On n'a jamais vu qui que ce soit. »

Le maire a même pris un œuf sur la tête

Puis le phénomène a pris de l'ampleur. « Chez eux, j'ai vu une chaise se renverser sans que personne ne la touche, des oranges voler dans la maison. » Le premier magistrat raconte qu'il y a une quinzaine de jours, il a même pris un œuf sur la nuque toujours dans cette même demeure. « Je n'ai même plus envie d'y aller. Cette histoire commence à me faire peur. »

D'autres personnes du village, qui semblent elles aussi avoir la tête sur les épaules, disent avoir observé les mêmes phénomènes. Excédée par ces incidents à répétition, la famille a quitté la maison. Elle a été hébergée par un voisin. Puis recueillie par le SAMU social. Non sans avoir passé aussi quelques nuits à dormir dans la voiture.

La famille en question a aussi appelé les gendarmes. Du côté de ces derniers, on dit ne rien avoir constaté d'anormal. Le curé de la paroisse voisin aurait aussi été démarché. Dernière visite en date, celle d'un exorciste, envoyé par le diocèse.

La maison d'une jeteuse de sort

Gageons que ce dernier a su chasser les démons, auxquels les Norbécourtois tentent depuis des mois de trouver une explication. Il y a évidemment les plus rationnels, très sceptiques quant à la véracité de cette histoire. D'autres, des autochtones, sans doute, rapportent qu'une sorcière, depuis décédée, habitait jadis cette maison. Une dame capable de faire le bien ou le mal, de jeter des sorts. Là aussi, ça peut prêter à sourire. Et pourtant, les villages regorgent de ces histoires-là.

Craignant que leur bien ne se déprécie, les propriétaires ne sont, paraît-il, pas très heureux d'entendre ces récits. Il leur reste de quoi se rassurer. Par exemple en se disant que leurs précédents locataires ne leur ont jamais signifié pareils phénomènes.

Source :

https://www.lavoixdunord.fr/art/region/mentque-nortbecourt-des-phenomenes-paranormaux-dont-ia37b0n1161372

LE CHÂTEAU DE FOUGERET

Queaux (Nouvelle-Aquitaine)

Le château de Fougeret s'est taillé ces dernières années une solide renommée dans le domaine du paranormal. De nombreux médiums, spirites et chasseurs de fantômes s'y rendent, souvent dans le cadre de tournages télévisés, pour entrer en contact avec les esprits qui hanteraient cette élégante bâtisse.

Certains y voient une porte ouverte sur l'au-delà. D'autres un coup de pub savamment entretenu par les propriétaires pour doper l'activité de chambre d'hôtes à grands frissons. Il n'empêche que la propriété, hypermédiatisée, rencontre chaque année un beau succès lors des Journées du patrimoine.

Derrière la grille bringuebalante et entièrement rouillée, l'allée tortueuse s'abandonne entre les herbes insensées et les épaisses tentures d'arbres derrière lesquelles apparaissent les tours écrasantes du manoir. Une vieille pancarte se balance au bout d'une chaîne sur la porte vert-de-gris aux vitraux poussiéreux "Sorry, we are closed"... Les actuels propriétaires, qui ont acheté le château en mars 2009 et l'ont fait classer, en sont convaincus : Fougeret est hanté.

Dès qu'ils ont pris possession des lieux, avec ses "carreaux pétés", ses "corbeaux crevés plein la cuisine", son plancher éventré et ses poutres pourries, "il a commencé à se passer des choses", assure Véronique Geffroy, 50 ans, tout en précisant qu'elle est docteur en histoire comme pour se prévaloir d'un "esprit cartésien". Elle a le sentiment d'être observée en permanence, elle ressent une présence, et voit un jour une silhouette d'homme traverser le couloir. Son mari, François-Joseph, est agriculteur ; il a une ferme bio à Usson-du-Poitou, où ils continuent de vivre. Lui est convaincu qu'on lui a "tapé dans le dos" alors qu'il se trouvait seul dans le parc. Quant à leur fille Mathilde, elle aurait eu, à deux reprises, une brève apparition : une dame brune, cheveux au carré et robe rouge, une cigarette à la main.

<u>Les nouveaux propriétaires ont d'abord pensé à revendre.</u>

Le premier médium qu'ils consultent, "une pointure" insiste Véronique, leur assure, qu'ils n'ont "pas rêvé : il y a vraiment des gens". Dans le monumental escalier en pierre, il prend une série de photos. "On voit une dame avec un air distingué qui porte un chignon, un collier de perles et une robe longue", assure Véronique. Elle repasse l'un des nombreux enregistrements qu'elle a accumulés comme autant de "preuves" sur lequel elle entend : "C'est moins drôle, là…" Pour les scientifiques, ce ne sont que des paréidolies, sortes d'illusions optiques ou auditives consistant à associer un stimulus informe et ambigu à un élément clair et identifiable. "Ce qui est extraordinaire, c'est la distance entre les faits et l'imagination des gens", assène un adepte de la zététique, l'étude rationnelle des phénomènes présentés comme paranormaux. Cela énerve Véronique, qui trouve que "les explications scientifiques ne sont pas convaincantes".

Elle assure que son mari et elle ont pensé à revendre avant de prendre le parti "d'en parler et de demander de l'aide". Le bal des médiums a commencé avec "du bon et du mauvais". L'un d'eux leur a proposé de les débarrasser de leurs fantômes… moyennant 1.000 € du mètre carré. Elle est allée au diocèse de Poitiers où on lui a expliqué qu'on ne pratiquait plus d'exorcisme. Elle a contacté l'Institut métapsychique international, qui leur a adressé une psychologue. Elle a trouvé un écho auprès d'organismes qui n'ont de scientifique que le nom.

Véronique est convaincue d'avoir "vécu de vraies interactions" avec des spectres. La première fois, elle était avec Florence, une médium, qui lui annonce : "j'ai un homme", comme si elle était au téléphone. "Son nom est un prénom, il marche mal, il dit qu'il était sévère mais qu'il ne faut pas lui en vouloir car il a été veuf de bonne heure avec beaucoup d'enfants." Dans les archives, Véronique trouve la trace d'un Maurice Patrice qui avait une jambe de bois, une femme, décédée prématurément, et six enfants. Florence lui a aussi parlé d'un autre homme "très en colère" qui avait eu beaucoup de procès, et, là encore, elle a déniché un ancien propriétaire qui en avait eu 28 en l'espace de vingt-sept ans.

Depuis, Véronique et son mari redonnent vie à une dizaine d'entités à travers les pièces du château où ils louent des chambres d'hôtes aux fenêtres festonnées de toiles d'araignées. À chacune son fantôme. Dans celle "du chevalier", entre deux meurtrières, de vieux sabres et un pistolet ainsi qu'une ancienne civière sur laquelle reposent des masques mortuaires et une jambe de bois. Dans d'autres, une robe surannée est suspendue près du lit comme si la chambre était encore habitée. "Ici, on a des chuchotements, des caresses dans les cheveux, assure Véronique en poussant la porte d'une pièce où un poêle et un rouet trônent près du lit. C'est la chambre "de la grand-mère", une ancienne nounou ; elle ne sait pas qu'elle est morte et attend son mari", conte Véronique.

En face se trouve la chambre d'Alice, décédée à 22 ans des suites d'une maladie. "Elle nous a dit qu'elle aimait la poésie, les fleurs et les agrumes." Des pétales séchés parsèment le secrétaire au pied du lit. "Je n'ose pas enlever les fleurs que les visiteurs déposent à son intention", murmure Véronique.

Énormément de lettres anonymes

À chaque mort son obole. Dans la chambre dite "de l'huissier", tué au XVIIIe siècle d'un coup de hache dans le sternum, une coupelle remplie de pièces. Ici, "les gens dorment assez mal", commente Véronique. Comment se soustraire aux prunelles inquiétantes des portraits patibulaires qui recouvrent les murs ? Sans parler du châle écharpe en renard entier qui recouvre le bord d'un des lits… Deux personnes seraient reparties avec des éraflures. Notamment une jeune femme qui a détalé en pleine nuit en laissant derrière elle ses chaussures.

À Queaux, les habitants sont sceptiques. Il y a ceux qui assènent en riant aux visiteurs égarés : "Premier fantôme à droite !". Ceux qui sont excédés par ce qu'ils considèrent comme "un business". Fougeret est devenu un haut lieu du tourisme paranormal, avec nuitées à 30 euros par personne et cycles de conférences.

Depuis qu'ils ont fait savoir que le château était "habité", les nouveaux propriétaires reçoivent énormément de lettres anonymes : des insultes, des prières, des bouquins de congrégations obscures, des photos du château marquées de flèches : "Satan est là !" "On nous a aussi écrit que nous allions tous mourir et que les soldats de Dieu allaient nous sauver", frissonne Véronique. Elle a même réceptionné un colis de cinq bibles : une pour chaque membre de la famille…

Sources :

https://www.lejdd.fr/Societe/Au-coeur-du-Poitou-le-chateau-aux-dix-fantomes-686904

https://www.lanouvellerepublique.fr/vienne/chateau-de-fougeret-hantes-par-le-doute

LA STATION-SERVICE DE CUCQ

Cucq (Hauts de France)

C'est un mystère. De très étranges phénomènes sont venus perturber la soirée du gérant d'une station Total à Cucq, a rapporté la Voix du Nord. A l'heure actuelle, aucune explication n'a pu être avancée.

La caisse tombe toute seule

Dimanche, vers 18 heures, la journée touchait à sa fin pour le gérant de la station Total, avenue de l'Aéroport, à Cucq, dans le Pas-de-Calais. « Ça a commencé par le téléphone, puis l'informatique des pompes », explique le commerçant. Tout a cessé de fonctionner d'un seul coup. « Ensuite la caisse est tombée toute seule par terre, la télévision a explosé. Les bouchons de toutes les bouteilles d'huile et de liquide de refroidissement de la station ont sauté », poursuit, le gérant, qui, mardi matin était toujours sous le coup de l'émotion. « J'étais là, j'ai tout vu et je n'arrive pourtant pas à y croire, c'était comme à la télé, il y en avait partout », lâche l'homme.

Tous les relevés sont négatifs

Bien entendu, les services de secours ont été appelés sur place. Les faits ont été confirmés par les pompiers du Pas-de-Calais : « On ne peut pas expliquer le phénomène qui s'est passé. Au contraire d'un incendie, dont on trouve généralement l'origine assez vite, là, on n'a pas de cause du sinistre », explique le Centre opérationnel d'incendie et de secours (CODIS). Les relevés d'usage ont pourtant été effectués : explosimétrie, gaz… Là encore, chou blanc. Côté gendarmerie, l'Etat major, au courant du dossier, avoue faire face à « un phénomène bizarre et inexpliqué ». Les militaires ont aussi effectué des constatations sur place, notamment des relevés d'empreintes. Une enquête a, par ailleurs, été ouverte.

Rebelote le lundi

Dimanche soir, après les faits, le gérant et ses employés ont déplacé tout ce qui n'avait pas été touché. « Le lundi matin, ça avait recommencé. Même les bouchons des bouteilles de vin et des bidons d'huile qui étaient dans le garage avaient sauté. Tout était par terre », glisse-t-il, dépité. « On a d'abord cru à une blague, mais ça ne peut pas être l'œuvre d'une personne, déclare formellement le gérant. Trois fois de suite la caisse est tombée toute seule par terre alors que j'avais le dos tourné ».

Le mardi, la station était toujours fermée aux clients. « Six pompiers ont passé leur dimanche complet à nous aider pour nettoyer et il reste encore beaucoup de travail à faire aujourd'hui », affirme le gérant de la station. En 43 ans le commerçant avoue n'avoir jamais rien connu de pareil : « L'exorciste, tout ça, j'y crois pas du tout, ça n'existe pas tout ça », martèle-t-il, tout en concédant ne pas comprendre ce qui lui est arrivé.

Source :

https://www.20minutes.fr/lille/1615763-20150526-calais-phenomenes-inexpliques-sement-pagaille-station-service

LE MANOIR DE STE GENEVIÈVE DES BRUMES

Bouchevilliers (Normandie)

Le manoir de Ste Geneviève des Brumes, a Bouchevilliers, à la frontière de l'Eure et de la Seine Maritime, et la rivière de L'Epte a la réputation d'être l'un des lieux les plus hantés de France. L'endroit est étrange et fascinant, surtout vers le soir, quand les brumes montent de la rivière et nimbent les environs de vert sombre. Le manoir a longtemps eu la réputation d'être un centre de magie noire, un endroit maudit.

Daniel Reju écrit à propos de la demeure : "Aucun propriétaire n'a pu se maintenir très longtemps à Bouchevilliers : faillites, décès, difficultés de santé, qu'ils soient cultivateurs ou qu'ils viennent de la ville, la vieille demeure semble les rejeter systématiquement, comme s'ils avaient violé un sanctuaire, comme si les murs, saturés d'horreur, ne pouvaient plus tolérer nulle présence humaine..."

Les manifestations spectrales ont lieu principalement de nuit, et sont aussi bien auditives que visuelles. On peut ainsi entendre des coups et des sons de cloches venus de nulle part, à l'intérieur du manoir. Parfois, un souffle glacial émane de certains murs, notamment celui jouxtant l'escalier qui mène à la grande salle du premier étage. Tandis qu'à l'extérieur, dans la partie nord du domaine, on peut voir un cercueil fantôme qui erre, évoquant un sarcophage égyptien. Parfois, on peut même voir, en plein jour, la procession de 3 moines fantômes : ils apparaissent sur les rives de l'Epte et se dirigent lentement vers l'église, pour ensuite disparaitre.

Un fantôme féminin, le visage pâle, les traits tirés, aux longs cheveux diaphanes, se manifeste aussi parfois. Le bois est hanté, la nuit de Noël, par le spectre d'Isabelle de Bouchevilliers, morte la nuit de Noël 1470 et de sa meute infernale. Parfois, les jours d'orages, on entend les cris d'horreur et les appels désespérés d'un certain Nicolas Fignere, qui fut assassiné au Valmont.

La tradition locale rapporte qu'au lendemain de l'arrestation des Templiers, un convoi de chevalier du Temple vint à Bouchevilliers. Ils se seraient livrés à d'énigmatiques travaux de maçonnerie dans les sous terrains du manoir, à partir du pigeonnier de la cour centrale, pour y enfouir un mystérieux dépôt. On dit que 50 d'entre eux, ceux qui s'étaient chargés directement des travaux, furent murés avec les coffres. S'agit-il d'une simple légende ? Difficile à dire. Toutefois, le château semble intéresser beaucoup de personnes, qui font en sorte de ne pas trop manifester leur présence. Ainsi, un ancien propriétaire du manoir révéla qu'il avait souvent remarqué, à la nuit tombée, des voitures qui venaient stationner, phares éteints, devant le château.

Fréquemment, il retrouvait, au matin, des traces du passage de visiteurs nocturnes. Il reçut également de nombreuses visites d'officiers de polices, venus, sans raison, lui rappeler qu'il était interdit d'entreprendre des fouilles sans autorisation. Il apprit aussi, de source sûre, que de hauts fonctionnaires et des personnalités politiques s'intéressaient de près à Ste Geneviève des Brumes. Bizarre, bizarre !

Source :

https://dark58.skyrock.com/3180370485-Les-lieux-les-plus-mysterieux-Le-manoir-hante-de-Bouchevilliers.html

LE CHÂTEAU DE VEAUCE

Veauce (Auvergne-Rhône-Alpes)

Depuis le XVIe siècle, le fantôme Lucie hante le château de Veauce dans l'Allier.

Que dit l'Histoire au sujet de ce fantôme ?

Le baron Amable de Blich racontait, dans une lettre écrite au 17e siècle, avoir vue et entendue sangloter une silhouette lumineuse féminine. Le curé de la paroisse avait noté au 19e siècle qu'un valet d'écurie nommé Denis Vincent avait vu sa torche éteinte et il avait, dans le même temps, senti une force inconnue le flanquer contre un mur, avant d'observer le passage d'une silhouette lumineuse de femme.

En 1963, un psychiatre venu de Francfort était accompagné de son chien, dans la nuit, sur le chemin de ronde, peut-être pour se donner du courage. Il avait pour nom docteur Rudolph Schmidt. Son chien se mit à hurler à la mort et, sur le mur, il discerna une forme lumineuse. Il actionna un appareil photo. Il n'y eut rien sur la pellicule pourtant ultrasensible.

En 1967, un radiesthésiste écossais de Glasgow, nommé John MacCain, contait qu'il avait observé un étrange phénomène entre minuit et 1 heure du matin. Il avait apporté avec lui des souris hypersensibles. Soudain, elles manifestaient un affolement incompréhensible.

Plus tard, un habitant du Chili, attiré par les TV et les comptes rendus des journaux, débarqua à Veauce. Il prétendit avoir entendu des bruits qu'il qualifia de « toutes sortes de gémissements ». Un spécialiste des phénomènes électromagnétiques vint depuis Los Angeles. C'était en décembre 1971. Sur ses appareils, il enregistra, assura-t-il, le passage d'ondes non identifiées.

Plusieurs familles illustres se sont succédé de 1700 à 1970 dans le château : Chauvigny de Blot, Le Loup, Du Buysson, les Cadier de Veauce (une des plus anciennes familles du Bourbonnais, qui conservera le domaine jusqu'en 1970).

Alors un certain Éphraïm Tagori de la Tour, qui se donnera lui-même le titre de baron de Veauce, acheta le domaine en 1970, s'y installa, mais n'avait pas la fortune nécessaire pour entretenir les bâtiments et en aménager l'intérieur. Tagori de la Tour, né à Jérusalem, en Palestine, fit des études d'ingénieur et acquit un diplôme d'ingénieur de l'armement. Par la suite, il devint plutôt mercenaire-aventurier car on le retrouva général chez les Russes, participant à la bataille de Stalingrad puis officier dans l'armée anglaise. Juif, il participa aux côtés de Moshe Dayan à la guerre des Six-Jours. Comment se retrouva-t-il à Veauce et réussit-il à acheter le château à l'ancienne famille bourbonnaise ? C'est resté un mystère. Pour les habitants de cette petite bourgade, c'était un personnage hors du commun, surtout qu'avec son franc-parlé, il en rajoutait.

Dans les années 1980, le château de Veauce connut l'animation et la célébrité à cause ou grâce à Lucie. Le baron Tagori de la Tour avait alerté les médias et ceux-ci, friands de telles histoires, débarquèrent à Veauce. Tour à tour vinrent Antenne 2, TF1, FR3 et une multitude de journalistes parisiens et de province.

À cette période, s'efforçant de trouver de l'argent pour entretenir et assurer son statut, le baron organisait à la belle saison des visites du château et, dans les locaux, des expositions de peintures. Et le fantôme était au centre de la plupart des conversations. À tel point qu'à un moment donné, une fois par semaine, on allait sur le coup de 23 h 30 dans la tour Mal-Coiffée à la recherche de l'apparition de Lucie.

Un jour, un journaliste parisien, Jean-Yves Casgha, animateur sur France Inter de l'émission « Boulevard de l'étrange », et collaborant aussi à l'émission d'Anne Hoang sur TF1 intitulée « Contre-enquête » voulut en avoir le cœur net et tenter de démystifier l'histoire.

Il arriva au château avec deux équipes de reportage en août 1984. Dans la nuit du 8 au 9 août 1984, les techniciens placèrent douze micros tout au long du parcours suivi (à priori) par le fantôme. On y ajouta une caméra installée dans l'ancienne salle de garde. Dans l'obscurité la plus complète, chacun, à l'heure dite, se posta aux aguets, retenant son souffle.

L'attente ne fut pas très longue. Peu avant minuit, les témoins virent apparaître un point lumineux sur un mur du chemin de ronde. Cette lueur se mit à disparaître et à apparaître, jamais au même endroit, un peu plus loin, diminuant ou grandissant selon son déplacement. La lumière semblait sortir, jaillir de nulle part. Autrement dit, cette lumière n'avait pas de source, ni de rayonnement. Elle semblait sortir de nulle part et ne rien éclairer autour d'elle. Au bout de vingt-cinq minutes, ce mystérieux phénomène s'est brusquement interrompu, la lumière s'est éteinte définitivement.

Les deux caméras avaient fonctionné. Le film n'enregistra rien, peut-être parce que le film n'était pas assez sensible à une aussi faible lumière. Quant aux appareils de photos, seules quatre pellicules furent très vaguement imprimées – ce qui est déjà ça. Le développement et le tirage allaient cependant révéler une légère silhouette. Était-ce celle de Lucie ? On ne peut que le supposer. Les journalistes et techniciens, impressionnés, affirmèrent qu'ils détenaient l'une des premières preuves physiques qu'un phénomène fantomatique existait bien, que des milliers de témoignages de part le monde et depuis des siècles étaient enfin validés par un appareillage fiable…

Témoignage du journaliste :

« À la base, je souhaitais dresser le portrait du baron. Cependant, à la faveur de la première soirée tandis que je dînais avec mes collaborateurs, j'ai proposé d'annuler la chambre d'hôtel pour passer la nuit au château.

À l'issue du repas, dès la fin de notre discussion, les ingénieurs du son procèdent à l'installation de leur matériel. Ceux-ci disposent çà et là toute une série de microphones afin d'enregistrer d'éventuels bruits étranges…

Les ingénieurs sont accompagnés par deux personnes qui vont jouer un rôle de choix au cours de la nuit. Il s'agit d'un médium prétendument capable de communiquer avec les défunts et de sa petite-fille.

Dans un silence de mort, les douze coups de minuits retentissent dans la pénombre de la grande salle que l'on appelle la salle « des pendus », car c'est ici qu'en 1789, les révolutionnaires locaux ont pendu les propriétaires des lieux… Tout le monde est dans l'expectative…

Tout d'un coup, une forme pâle apparaît près de la fenêtre. Sa taille est celle d'une chouette. Cette silhouette est tout d'abord visible par intermittence puis plus longuement durant un quart d'heure.

La surprise est totale, les seuls bruits proviennent des techniciens qui chuchotent. Une journaliste présente sur les lieux perd son sang-froid et s'exclame : « Mais c'est impossible ! ». Suite à cela, dans un silence de mort, la forme pâle se dirige en direction du chemin des rondes puis disparait.

Les techniciens ont juste le temps de prendre quelques photographies. Après examen, une silhouette blanche et vaporeuse est visible sur l'une de ces photos.

Exactement au même moment, un son perçant et suraigu semble provenir d'une autre pièce. L'ingénieur du son en charge d'effectuer la synchronisation des micros l'entend très clairement dans son casque, peu avant que le micro ne s'éteigne définitivement !

Apeuré, il se joint alors à l'équipe, mais aucun d'entre eux n'a entendu ce bruit étrange. »

Mais évidemment, des sceptiques et des gens très conservateurs et effrayés par une telle possibilité firent selon leurs propres croyances : réussir à imiter et truquer un phénomène (naturel ou non) suffit à démontrer le fait qu'il s'agit d'une invention, création humaine et non un phénomène physique inconnu ou surnaturel… c'est un raisonnement évidemment faux et stupide en soit, mais ça marche aussi pour les crédules qu'il faut rassurer… l'argument principal fut que la nuit du 8 au 9 août 1984 était aussi une nuit de presque pleine Lune, la phase lunaire étant croissante au dernier quartier, et que c'était "probablement" un reflet lunaire à travers les meurtrières du chemin de ronde qui était la cause de cette lumière fantomatique… voilà une affirmation facile (sans vérifier la position lunaire ni l'heure du lever de la Lune, ni sa position éventuelle dans le ciel) qui suffit bien souvent aux sceptiques et zététiciens de tous poils (qui se font d'ailleurs pour certains de l'argent avec ces affirmations faciles !) pour repousser un tel phénomène ou un autre… et rassurer les crédules et en retardant ainsi parfois l'étude sérieux de certains phénomènes peu connus ou restant à découvrir, et ceci sans plus de matières scientifiques que les parapsycologues qu'ils mettent en doute, car ils utilisent en fait les mêmes méthodes…

Quant au baron, un homme peu impressionnable si l'on en juge par sa vie tourmentée de mercenaire, il vivait avec sa charmante femme, Denise, de quelque trente ans sa cadette, dans la partie opposée à la Tour. Ils étaient éloignés du chemin de ronde et de la Tour, parcours habituel du fantôme. Il avait, selon ses dires, observé le phénomène au moins une centaine de fois. À chaque fois, il a essayé d'entrer en communication avec l'être qu'on suppose se manifester ainsi. Il a reconnu que, seul, dans le noir, dans ce château inhabité la nuit, il eut des frayeurs et, parfois, n'en menait pas large. Il y a tellement de bruits invraisemblables la nuit, venant de tous côtés, dans ces très vieilles demeures, que l'on peine à les identifier.

« J'ai, ajoutera-t-il, posé de loin des questions fort simples comme : Qui êtes-vous ? Que nous voulez-vous ? Une seule fois, j'ai cru, en 1972, entendre un long cri rauque paraissant venir de nulle part et qui m'a donné la chair de poule. J'ai pris mes jambes à mon cou. Jamais plus je n'ai tenté une semblable expérience et, de nuit, je n'ai plus remis les pieds sur le chemin de ronde. »

D'autres sont venus pour tenter de percer ce mystère, mais la curiosité s'estompa dans les années 1990, parce que le baron avait moins d'activité vu son grand âge. Ainsi, on parla beaucoup moins du fantôme.

Pour tous, c'était Lucie, même si les véritables historiens ne se hasardent pas sur son identité. Pour tous, c'est l'âme en peine de cette pauvre Lucie qui est supposée revenir hanter le château. Des gens du pays comme V. Richard, un chroniqueur local, vous racontent cette légende, et Lucie, ils l'ont baptisée la Dame blanche. Personne ne douta que ce fut son spectre que l'on pouvait supposer être sur la pellicule.

Le baron est mort en 1998. Son épouse et leur fille demeurent à Versailles. Le baron s'y était ruiné, vendant tout son troupeau de bovins, pour remettre en état la tour et les toitures... Madame Elisabeth Mincer, propriétaire britannique actuelle, l'a acquis en 2002... elle affirme n'avoir jamais vu le fantôme, mais que plusieurs de ses invités l'ont effectivement aperçue selon leurs dires...

Source :

https://monbourbonnais.com/veauce-lucie-le-fantome-du-chateau/

LA MAISON DE GRANDE-SYNTHE

Grande-Synthe (Hauts de France)

C'est le 17 novembre 1985, que tout commence dans cette maison. Monsieur Djilali Riahi, père d'une famille nombreuse de 5 enfants, était parti assister à un match de football du club de Dunkerque, dont il en est le président à cette époque, avec des amis. La femme de Djilali, Mounira était resté ce dimanche avec les enfants à la maison. C'est après avoir regardé une émission à la télé, qu'elle prend la décision de monter à l'étage pour préparer les affaires d'école de ses enfants. C'est à ce moment précis qu'elle entendit un coup à la porte d'entrée, se posant des questions, d'autant plus qu'il était tard, elle décide de regarder par la fenêtre qui pouvait venir à une heure aussi tardive. Mais il n'y avait personne, et après avoir regardé à nouveau dans plusieurs recoins de la maison, ainsi que sur le trottoir, Mounira a pensé qu'il pouvait tout simplement s'agir d'une blague faite par des jeunes enfants, et décide donc de ne plus prêter attention. Seulement, un autre coup se fait entendre à nouveau, mais comme pour le premier, Mounira ne constatera rien de suspect, le seul hic, c'est que plusieurs coups vont retentir dans la journée.

Ce n'est qu'au retour de son mari, qu'elle décide de lui expliquer toute la situation, mais Djilali est persuadé que ce sont des gamins qui font une mauvaise farce, et décide de se rendre à l'extérieur, caché dans les bosquets afin de surprendre les éventuels blagueurs. Personne ne s'est présenté devant lui, pourtant la porte du garage se met à vibrer violemment comme si quelqu'un donnait des coups dans la porte métallique. Prenant son courage à deux mains, il décide de pénétrer dans les lieux, mais l'endroit est désert. Et à 19h, le vacarme retentissant de la journée s'est soudainement arrêté, alors que toute la famille est partie se coucher.

Le lendemain, Monsieur Riahi est parti travailler à Usinor, où il est chef d'équipe. Mounira très inquiète des événements de la veille, est en compagnie de Malika (19 ans), à peine que le père de famille soit parti, que les bruits recommencent ! Toutes les deux prennent la décision de faire le tour de la maison, mais rien n'a été remarqué. Elles attendent le retour de Djilali pour tout lui expliquer, mais il ne veut pas croire à des manifestations paranormales, bien qu'en rentrant ce soir-là, les vitres de la maison ne cessent de vibrer comme si quelqu'un donnait des coups de poing, mais sans qu'il y ait présence humaine. Et pire les phénomènes continuent de prendre de l'ampleur pendant une semaine, sans pour autant affoler les occupants de cette maison.

C'est un samedi soir, alors que Mounira regarde tranquillement une émission à la télé, qu''un tableau se détache du mur et vient se déposer délicatement en face d'elle au sol, tous les autres tableaux de la maison, ne tardent pas à répéter la même scène, si bien que les murs deviennent rapidement nus. Ce nouveau phénomène est tellement choquant pour Mounira, qu'elle attend le retour de son mari, pour lui avouer qu'elle ne veut plus rester dans une maison "possédée par des esprits".

Conscient de l'inquiétude de sa femme, Djilali décide de faire appel à leur voisin et ami, Monsieur Bouchet (prêtre de profession), pour qu'il prononce des prières dans chaque pièce de la maison afin de faire taire, les éventuels esprits. Quelques jours plus tard, les phénomènes reviennent et sont de plus en plus violents. En effet, alors que Mounira est assise dans le salon, un couteau accroché à la cuisine, se dirige vivement vers la jeune femme, si une de ses filles, ne l'avait par alerté, elle ne serait plus de ce monde à ce moment-là. Ces violentes attaques se poursuivent, alors que Mounira préparait à manger pour le repas du soir, elle sent les dents d'une fourchette se planter dans sa nuque, la faisant hurler de douleur.

Et comme si cela ne suffisait pas, ces forces mystérieuses s'en prennent également aux enfants de Mounira et de Djilali. En effet, leur fille de 5 ans jouant non loin de la table où se trouve le téléphone est percutée par le buffet s'avançant tout seul vers elle, Mounira la sauva juste à temps, alertée par les cris de son enfant échappant de justesse à la mort. Un autre après-midi, c'est le petit Annys âgé de 9 ans, d'être à son tour victime de ces attaques. Celui-ci s'est plaint d'être frappé par quelqu'un, sa mère ne voit personne mais constate avec horreur, que la jupe de sa fille Samira s'enflamme de manière inexpliquée, et décide de saisir une serviette afin d'étouffer le feu. Ces inflammations vont se poursuivent un peu plus tard, s'en prenant à un matelas sans raison. Le lendemain, alors que toute la famille Riahi est réunie dans le salon, pour discuter, une flamme gigantesque lèche le parquet et enflamme le rideau de manière spontanée. Épuisée par tous ces phénomènes étranges, la famille décide de faire appel à des exorcistes.

Mounira choisit de partir avec les enfants s'installer chez des amis tunisiens, pendant que son mari et 6 prêtres exorcistes procèdent à des séances de désenvoutement. Un mage anglais connu dans la région, viendra même exprès pour chasser les esprits démoniaques. Un gourou marocain, un "Chhir" va lui succéder en procédant à des prières rituelles, tout en brûlant de l'encens. C'est avant de repartir chez lui au Maroc, qu'il explique à Djilali que quelqu'un en veut à sa famille, et a jeté un sort dans cette maison. Cela ne semble pas étonner Monsieur Riahi, car dans son pays d'origine la Tunisie, les jeteurs de sorts sont monnaie courante. Hélas, le marabout ne parviendra pas à chasser les mauvais esprits, et les incendies vont revenir quelques jours plus tard, après son départ. Donia, la fillette de 14 ans de la famille Riahi, avoue avoir vu les esprits. Un prêtre exorciste est venu alors rendre visite à la famille, il plaça dans la main de Donia des objets noirs, et lui demanda de décrire ce qu'elle voyait. Elle aperçut la silhouette d'un homme âgé juste devant elle, assis sur une chaise, mais ne semblant pas lui vouloir du mal. Celui-ci aurait dit à Donia que la maison serait possédée par 11 esprits voulant détruire sa famille, avant de disparaître. Elle est alors la seule à avoir vu ce fantôme.

Le vendredi 13 décembre 1985, la famille fait appel à l'exorciste parisien Dorian Janon, toute la ville de Grande Synthe est au courant de sa venue. Lorsque celui-ci pénètre dans les lieux, la chaudière cesse de fonctionner, et les lumières ne font que de s'allumer et de s'éteindre. Son combat contre les forces du mal ne fait que commencer.

Un rituel d'exorcisme se déroule en trois étapes, l'une d'elle consiste à purifier les lieux en brûlant de l'encens. Après avoir fait bruler des charbons dans une petite poêle, l'exorciste se rend d'une pièce à l'autre en prononçant des incantations, tout en jetant de l'eau bénite. Il demanda ensuite à Djilali et Mounira, de tenir chacun un cierge afin de se recueillir au moment des prières. 7 bougies représentant les 7 jours de la semaine sont allumées jusqu'à ce qu'elles se consument entièrement. Après ce rituel et après avoir exorcisé les enfants de la famille par mesure de sécurité et de sûreté, le prêtre exorciste se retira. Une foule de personnes dont un photographe, sont alors persuadées que les mauvais esprits ont quitté les lieux, pourtant lorsque ce dernier fait développer sa dernière pellicule en quittant la maison hantée, il ne se rend pas compte qu'il vient de capturer, au sens littéral, les 11 esprits qui tourmentaient les lieux. Des pompiers qui étaient au courant de l'incendie récent du matelas de la famille, et qui étaient également présents sur les lieux, vont alors remarquer que les clignotants de leur voiture vont se mettre à s'allumer sans raison, alors qu'après vérification de ces derniers, rien de suspect n'a été détecté. Le photographe a lui-même constaté après avoir tiré les premières pellicules des photos qu'il a prises lors de l'exorcisme, que celles-ci sont vierges.

Avant de partir, Dorian Janon a tenu a rassuré la famille Riahi, en précisant que les phénomènes qu'ils ont connus vont bientôt s'arrêter. Personne n'est hélas à l'abri d'un événement d'une telle ampleur.

Source :

http://paranormal-history.over-blog.com/2016/07/la-maison-hantee-de-grande-synthe.html

LE PHARE DE TÉVENNEC

Raz de Sein (Bretagne)

On raconte toute sorte d'histoires sur le phare de Tévennec. Érigé en 1874 au large de la Baie des Trépassés, entre la pointe du Raz et l'île de Sein (Finistère), il serait hanté par des naufragés, et nombre de ses gardiens auraient connu un sort tragique : l'un d'eux serait mort exsangue après avoir trébuché sur un couteau ; un autre aurait trépassé entre les bras de sa femme, qui n'aurait eu d'autre choix que de le mettre au saloir en attendant la relève... Quant aux survivants, ils seraient devenus fous à force d'entendre des cris de terreur et des voix leur intimant de fuir cet endroit battu en permanence par les flots.

Seuls les cormorans semblent pouvoir résider près de cette « tour de la mort », dont l'histoire a été maintes fois reprise par la presse locale et même par des journaux étrangers. Mais que s'est-il donc passé au phare de Tévennec ?

Jean-Christophe Fichou, historien de la signalisation maritime et chercheur à l'université de Brest, s'est attaché à démêler la légende de la réalité en étudiant, pour la première fois, les archives associées à ce phare « maudit ». Si l'îlot noir et escarpé de Tévennec (« petite falaise » en breton) a été choisi pour édifier un fanal (Feu ou lanterne placé à un endroit élevé pour servir de repère dans la nuit), précise-t-il, c'était pour sécuriser le raz de Sein. À l'époque, la navigation nocturne y était presque impossible en raison des forts courants et des roches qui parsèment les fonds marins. L'idée était d'ajouter ce phare à ceux de l'île de Sein, d'Ar-Men et de la Vieille pour signaler une voie de passage aux caboteurs et aux chalutiers.

Mais le chantier se révèle difficile. La construction du bâtiment – une tourelle de 11 mètres de haut à laquelle est accolé un logis de 64 mètres carrés – va s'étaler sur cinq ans, entre 1869 et 1874. Et surtout, le bâtiment achevé, l'isolement des lieux est mal apprécié par les autorités. En effet, situé à trois kilomètres des côtes, Tévennec n'est pas considéré comme un phare en mer – dont le gardiennage mobilise trois personnes. Pire, en raison de la petite taille de son fanal, on estime qu'un seul gardien suffira à l'entretenir – ce qui permettra, au passage, de réaliser des économies. L'homme ne sera autorisé à quitter son caillou que deux à trois semaines par an.

Henri Porsmoguer allume le premier feu en mars 1875. Malgré un salaire assuré, il démissionne cinq mois plus tard. Son remplaçant ne tient que quatre mois, le suivant guère plus longtemps. On décide alors de « doubler » le poste. Mais, même en duo, et avec des permissions plus fréquentes, la maison phare reste invivable.

« Tout autour de nous, ce n'était qu'un bouillonnement de lames et d'écume » rapporte un gardien.

« Et je me souviens qu'un jour, il nous fallut récupérer dans les rochers les biscuits véreux que nous avions jetés quelques semaines auparavant. »

En 1898, on place à Tévennec des couples mariés, sans grand effet. « Vingt-trois gardiens se succéderont en trente-cinq ans. Une première dans l'histoire des phares français », souligne Jean-Christophe Fichou. Lassé par tant de mouvements, le Service des phares automatise le feu en 1910.

Ces va-et-vient ne font pas que marquer les annales. Ils produisent un effet désastreux sur la réputation du rocher, déjà assombrie par les nombreux naufrages que le raz de Sein a connus par le passé. Les vieilles traditions populaires n'affirmaient-elles pas que le passage était habité par l'Ankou, figure mortifère héritée des mythes celtiques ? L'Ankou est une personnification bretonne de la mort. Dans sa barque, il faisait franchir aux morts la baie des Trépassés.

Les départs successifs des gardiens de Tévennec ravivent cette mémoire, et la légende se développe peu à peu. Elle prend corps dès 1891 dans les écrits du chroniqueur Hyacinthe Le Carguet :

« Pendant la construction, au-dessus des travailleurs, tournoyaient les oiseaux, surpris d'y voir des êtres vivants [...] Par leurs cris : " Kers-kuit ", ("va-t'en"), ils semblaient les prévenir des dangers qui les menaçaient. Pour faire cesser le bruit et les apparitions, on fut obligé d'ériger une croix en pierre. »

Peu après, le folkloriste Anatole Le Braz publie le témoignage d'Henri Porsmoguer, la première sentinelle. Il raconte qu'avant la construction du phare, un naufragé s'était réfugié sur l'îlot. Mais la mer empêcha les secours d'arriver à temps. Il mourut d'une lente agonie, et son spectre hante l'endroit à jamais.

Une nuit, ce fantôme « battit Porsmoguer comme plâtre » (frapper, maltraiter). Quinze jours plus tard, il avait donné sa démission. L'esprit de Tévennec l'avait dégoûté pour toujours du métier de gardien de phare.

Dans les années 1930, Charles Le Goffic, de l'Académie française, consolide le récit dramatique dans un article intitulé « Vie des phares » :

L'îlot était hanté : un prêtre fut requis pour l'exorciser. Rien n'y fit, même pas le remplacement du gardien solitaire par un ménage de solides chrétiens : le gardien Milliner fut trouvé mort dans son lit ; le gardien Ropartz, qui lui succéda, vit son père raflé sous ses yeux par une lame...

Ce récit sert de référence à tout ce qui s'écrira par la suite sur Tévennec. Plus personne ne prend la peine de vérifier des faits tant de fois répétées.

Je leur ai moi-même accordé du crédit reconnaît Jean-Christophe Fichou. « Or, en consultant les archives de Quimper à la fin des années 1990, j'ai réalisé que rien n'était vrai. L'histoire était si belle que tout le monde avait voulu la renforcer en ajoutant des détails morbides. » Ces archives attestent qu'aucun gardien n'a sombré dans la folie, ni péri de mort violente. L'un d'eux est bien décédé à Tévennec, mais en raison de son alcoolisme et d'un état de santé dégradé. Aucune source crédible, par ailleurs, ne fait référence à un marin agonisant sur l'îlot. Tout porte à croire que le récit s'est nourri des nombreux naufrages qui ont eu lieu dans la région.

Aucune trace, non plus, d'un quelconque exorcisme, même si une croix a bien été plantée à une date indéterminée. Quant aux hululements, ils seraient dus aux « respirations » de l'océan !

Dans les années 1990, deux plongeurs ont en effet découvert qu'un tunnel traversait l'îlot de part en part. Lors des grandes marées, l'air expulsé par ce siphon naturel produit des sons que des gardiens très éprouvés par la solitude et la fatigue ont confondus avec des cris.

« La Commission des phares n'aurait jamais dû envoyer un gardien unique à Tévennec » souligne Jean-Christophe Fichou. L'endroit correspondait bien davantage à un phare de haute mer qu'à un fanal de quatrième ordre. Une erreur de jugement qui a joué un rôle notable dans cette histoire.

Source :

http://www.dramatic.fr/Tevennec-p196.html

LE CHÂTEAU DE MARTINVAST

Martinvast (Normandie)

À Martinvast, la blonde américaine arrivée de son Atlanta natal est ici depuis trois ans et demi et ne regrette qu'une chose : "que les fantômes ne payent pas leur loyer !". A l'écouter, c'est vrai que cela ferait rentrer un peu d'argent dans les caisses de la propriété privée, ancienne bâtisse médiévale maintes fois transformée, dont le parc arboré, jardin à l'anglaise soigneusement entretenu, est devenu un lieu de promenade et une attraction touristique. Car des fantômes, il y en a partout ici, dit la jeune femme.

Brooke Major dit en entendre chaque soir ou presque et notamment "ces enfants qui jouent chaque nuit aux billes dans les couloirs du premier étage". Les a-t-elle déjà vus ? Non, pas elle, mais un de ses amis dit avoir fait cette étrange rencontre à l'intérieur du château. "Un jour, il s'est retrouvé nez à nez avec un fantôme. C'était une femme". Vous plaisantez ? Pas tellement. Il y a, dit-elle, les soldats qui jouent du clairon le soir dans la tourelle, "vous voyez bien au niveau des lucarnes", des anciens de la guerre de Cent ans, et puis cette femme qui, de temps à autre, s'en va chercher de l'huile à la cave. "Tous sont emmurés. Après tout ils ont bien droit de vivre ici eux aussi".

Les fantômes de Martinvast qui sont ici chez eux, sont connus comme le loup blanc. Il paraît que les spécialistes du paranormal en ont fait leur lieu de prédilection. "Ici, ça défile", dit Brooke, pas surprise pour un sou qu'on s'intéresse tant aux bruits étranges de la propriété. Une équipe de télévision est venue tourner un épisode de la série Spirit Investigations qui fait un malheur au Canada. Le producteur, Sébastien Balsön, n'a pas choisi le lieu par hasard : avec son équipe, il traque les lieux qui font froid dans le dos. Il a invité un médium, Stanislas Delorme, à venir ausculter Martinvast.

Le médium s'est installé dans la chambre à baldaquin et son "ressenti", comme il dit, n'a pas fait pas un pli : "À un moment donné, il a vu une jeune femme qu'il définissait comme une dame blanche. Il n'arrivait pas à la décrire car elle lui paraissait floue. Il pensait qu'elle s'appelait Sophie. Il nous disait que cette jeune femme lui soufflait : arrête de m'appeler comme cela", témoigne le producteur de l'émission. Le médium, persuadé que les esprits habitent plutôt à l'étage, a sorti son magnétophone pour enregistrer, la nuit, d'éventuelles voix venues de l'au-delà. Les bandes magnétiques, dit le réalisateur de l'émission, sont en cours d'analyse.

Façon d'entretenir le suspense : les enregistrements, s'il y en a, sont diffusés pendant l'émission. Déjà, par le passé, un "chasseur de fantôme" de la région avait fait l'expérience avec une caméra infrarouge, pour tenter de percer le mystère et déceler d'éventuelles présences fantomatiques. Il avait passé la nuit, caméra au poing, dans la chambre à baldaquin, mais en vain. Les fantômes du château de Martinvast, anciens locataires des lieux, jouent à cache-cache et les médiums broient du noir !

Source :

https://www.lamanchelibre.fr/actualite-35551-promenade-insolite-les-fantomes-du-chateau-de-martinvast

L'ABBAYE DE MORTEMER

Lisors (Normandie)

L'abbaye de Mortermer, à Lisors, a de tout temps impressionné ses visiteurs. Entre les manifestations étranges, les sensations de présence et le fantôme de Mathilde, on dit les lieux habités par les esprits. Réalité ou légende ? Jacqueline Charpentier-Caffin et son époux ont plutôt les pieds sur terre. Ils ne sont pas du genre à se laisser impressionner par des histoires de fantômes. Mais quand ils acquièrent l'abbaye de Mortemer, en 1980, près de Lyons-la-Forêt, ils sont bien obligés de constater les événements dont ils sont les témoins. « Le précédent propriétaire, un agriculteur, est décédé en tombant d'une échelle alors qu'il rénovait les pierres de l'abbaye. Or, la légende dit que quiconque essaierait de restaurer les ruines mourrait », raconte Jacqueline Charpentier-Caffin.

L'abbaye a été exorcisée en 1921

Cela ne l'empêche pas, depuis près de 40 ans, de tenter de faire vivre les lieux, d'y faire venir chaque année des milliers de visiteurs, en exploitant justement les contes et légendes. Il y a 30 ans, avec un groupe d'amis, elle ouvre le musée des Fantômes. « Le jour de l'ouverture, nous avons été "excommuniés" par les élus. Ils étaient outrés que l'on puisse parler de fantômes dans un lieu saint », rit Jacqueline Charpentier.

Le public, lui, adore les lieux bannis et le musée se visite toujours aujourd'hui ! Les Nuits des fantômes, chaque été, rencontrent aussi un franc succès. Les visiteurs espèrent peut-être voir la dame blanche.

Là encore, la légende dit que l'on passe de vie à trépas si on la voit deux fois. Pragmatique, Jacqueline Charpentier a cherché d'où pouvait venir cette légende de la dame blanche. « Mathilde l'Emperesse est l'une des femmes importantes de Mortemer. C'est elle qui a construit l'abbaye avec son père Henri 1er Beauclerc, puis avec son fils. Or, parce qu'elle était une femme, on a voulu la déposséder de ses biens. Emprisonnée en Angleterre, elle s'est échappée seule, en traversant la Tamise, tout de blanc vêtu. Reprise, elle s'est à nouveau échappée en se cachant dans un cercueil porté par des moines en blanc. Si la dame blanche existe, nous l'avons identifiée », assure la maîtresse des lieux.

Mathilde se promènerait donc parmi les pierres. Une présence parfois... envahissante. Comme lorsqu'on doit dormir dans la chambre rose qui aurait été celle de Mathilde. La future belle-fille de l'ancien propriétaire n'a pas pu fermer l'œil de la nuit. Les tableaux se retournaient, tombaient à terre. L'abbaye fut même exorcisée en 1921. « Un soir, dans la petite chambre où nous dormons, j'ai vu la poignée de la porte tourner mais personne n'entrait. J'ai demandé à mon mari s'il était là mais personne ne répondait. En fait, il n'y avait personne. J'ai lancé à haute voix "Mathilde, ça suffit maintenant !" et ça s'est arrêté », confie Jacqueline Charpentier. Mathilde sait rappeler de temps en temps qu'elle est ici chez elle !

Mais ce n'est pas tout. À partir de 1985, date de la création du musée *des légendes et fantômes dans les sous-sols de l'abbaye*, surgissent plusieurs légendes en plus de la dame blanche : rencontre d'un métayer avec une garache qui était sa propre femme, présence d'un goublin prenant l'apparence d'un chat, apparition des fantômes des quatre moines massacrés pendant la Révolution qui se baladent encore dans les caves pour y boire un vin au goût de sang ainsi que les propriétés matrimoniales attribuées à l'ancien lavabo des moines, rebaptisé « fontaine des Célibataires ».

Sources :

https://www.paris-normandie.fr/art/actualites/societe/paranormal-dans-l-eure--a-la-decouverte-des-fantomes-de-l-abbaye-de-mortemer-AF15322640

https://www.villagesetpatrimoine.fr/abbaye-de-mortemer-2/

https://fr.wikipedia.org/wiki/Abbaye_de_Mortemer

LA DAME BLANCHE DE PALAVAS-LES-FLOTS

Palavas-les-Flots (Occitanie)

Palavas-les-Flots, c'est dans cette commune située dans le département de l'Hérault, que s'est déroulé une des manifestations du folklore paranormal, l'apparition d'un esprit défunt de nuit en pleine route portant le nom de dame blanche.

Avant de vous raconter l'histoire de l'apparition de la dame blanche à Palavas-les-Flots, je vais vous expliquer ce qu'est une dame blanche.

Une dame blanche, c'est l'apparition d'un fantôme ou d'une femme défunte, victime d'un terrible accident de la route qui lui coûta la vie, et qui reviendrait sur certains lieux afin de prévenir du danger que certaines routes peuvent représenter. Elle se manifeste sous la forme d'une auto-stoppeuse vêtue de blanc, faisant du stop en pleine nuit et qui disparaîtrait de manière soudaine après être montée dans un véhicule, soit à l'approche d'un passage dangereux sur une route, soit sur une adresse ou un lieu précis. Il est vrai que bien souvent ces esprits sont en règle générale des entités féminines, mais il est déjà arrivé que cela soit des hommes ou des personnes âgées qui se manifestent pour prévenir d'un danger.

C'est donc à Palavas-les-Flots qu'une de ces nombreuses légendes urbaines a pris naissance. Il existe cependant 3 profils de dame blanche possible que je vais vous évoquer maintenant :

- Le premier et certainement le plus répandu et connu est celui de l'avertisseuse. Elle se montre peu loquace, voire complètement muette et après un parcours assez court, peut pousser des cris d'avertissement à l'approche d'un passage ou virage ou carrefour considérés comme dangereux, et ensuite totalement disparaître du véhicule sans laisser de traces de sa présence et sans que les portes ne se soient ouvertes.

- Le deuxième est celui de la revenante. L'auto-stoppeuse demande à être conduite en un lieu précis, pouvant être une habitation ou un cimetière, mais descendant normalement du véhicule en laissant une information à l'occupant du véhicule, un indice comme quoi elle peut être recontactée ultérieurement. Ce qui l'oblige à revenir sur les lieux d'arrêt pour finalement découvrir que la personne est décédée d'un accident de la route. Cela peut être aussi un accessoire qu'elle aurait abandonné ou emprunté et que le propriétaire voudrait lui rendre ou récupérer ce qui lui appartient, pour au final le découvrir à l'abandon sur la tombe de la défunte.

- Le dernier profil est celui de la prophétesse. Avant de disparaître, elle laisse des messages prophétiques laissant suggérer des drames futurs, des mauvais présages néfastes pour la personne recevant le message. Mais ce profil est beaucoup plus rare que ces prédécesseurs en France ;

Revenons à présent à l'histoire de la dame blanche de Palavas-les-Flots. C'est le 20 mai 1981, que quatre jeunes montpelliérains âgés de 17 à 25 ans décident de faire une virée en mer. C'est à 0h30 qu'après s'être promené sur les quais de la ville et avoir bu un coup, que les quatre jeunes gens décident de rentrer. Sur le bord de la route avant le pont des Quatre Canaux, ils aperçoivent une auto-stoppeuse d'une cinquantaine d'années portant un imperméable et un foulard blanc. Ils proposent alors de l'amener jusqu'à Montpellier, elle accepte d'un signe de tête et s'assoit entre deux passagères. La voiture repart, mais la personne qui vient de rejoindre les quatre jeunes ne leur prononce aucun mot, et un kilomètre plus loin, à l'approche d'un passage dangereux s'exclame : "Attention au virage ! Attention au virage !", surprenant le conducteur levant le pied mais passant le virage sans problème. Cependant ce sont d'autres hurlements qui se font entendre, mais ce coup-ci, c'est celui des passagers. En effet, ils sont pétrifiés de constater la disparation de la vieille dame, sachant que la voiture roulait à 90 km/h et que les portes de la voiture étaient fermées. Les quatre amis décident alors d'en parler à la police, qui au début rigolait aux éclats en pensant qu'il s'agissait d'une plaisanterie. Mais après avoir interrogé chaque jeune, ils ne peuvent contredire la sincérité de leur histoire car tous décrivent exactement le même témoignage. De plus, aucune des quatre personnes interrogées ne s'intéressent au spiritisme et aux autres sujets liés au paranormal. Et suite à cette affaire, les policiers leur ont demandé de ne plus jamais en parler.

Source :

http://paranormal-history.over-blog.com/2016/08/la-dame-blanche-de-palavas-les-flots.html

LA MAISON DE HENRI DÉSIRÉ LANDRU

Gambais (Ile de France)

C'est dans cette jolie maison de Gambais, située dans les Yvelines, en région Ile de France, qu'a eu lieu au début du XXème siècle, une affaire criminelle connue dans l'histoire des affaires judiciaires françaises : l'affaire Landru.

Henri Désiré Landru naquit en 1869, au 41 Avenue Simon Bolivar, dans le quartier de Belleville à Paris. Issu d'une famille modeste, il a fréquenté l'école des Frères de la rue de Bretonvilliers, dans laquelle il y a mené des études. Il aurait souhaité faire des études supérieures en tant qu'architecte, mais devra se contenter d'être commis chez les sieurs Bisson-Alleaume-Lecoeur. Il a également servi dans l'armée française durant 3 ans, obtenant le grade de sergent. Épousant sa propre cousine Marie-Catherine Rémy, le couple aura 4 enfants, 2 filles et 2 garçons dont Landru aura du mal à reconnaître sa paternité.

Jusque-là il mène une existence tout-à-fait normale, et on est bien loin de penser que "le Barbe Bleue de Gambais" puisse un jour se transformer en un escroc confirmé, et un tueur en série méthodique, froid et organisé. Il mena des escroqueries entre 1893 et 1900, en pratiquant une dizaine de métiers, et changeant quinze fois d'employeurs, n'hésitant pas à mettre son couple et ses quatre enfants, dans la difficulté financière. Changeant souvent de noms, afin de ne pas être démasqué dans ses affaires douteuses, il collectionne les condamnations, les amandes et les peines de prison. Il excelle également dans la manipulation, n'hésitant pas à faire une tentative de suicide dans sa geôle, et à se faire passer pour malade mental, auprès des médecins psychiatres, et ce afin de bénéficier d'une sortie de détention.

C'est en 1914, que Landru décide de changer de méthode pour s'enrichir, et mettre ses plans à exécution. En effet, afin d'attirer ses victimes (toutes des femmes plus ou moins riches), il se fait passer pour un veuf vivant dans une prospérité de façade, et n'hésitant pas à proposer à ses victimes le mariage, puis d'habiter dans sa maison de Gambais. Landru commence tout d'abord par endormir ses victimes, avec du chloroforme, les tue, puis les découpe en morceaux, après les avoir dépouillées de leurs objets de valeur. Ensuite il finit par brûler toutes les parties des corps afin de ne laisser aucune trace. Pourtant, de nombreux habitants remarquent l'horrible fumée noire et la drôle d'odeur sortant de la cheminée de son fourneau, sans penser aux massacres perpétrés par Landru. En 4 ans, ce sont 11 femmes âgées entre 17 et 51 ans, qui vont être tuées par ce monstre.

Landru sera néanmoins démasqué, et condamné à la peine de mort le 30 novembre 1921. Il meurt guillotiné le 25 février 1922.

Depuis l'exécution de Landru, sa maison est restée néanmoins habitée par plusieurs locataires, qui se sont tous succéder les après les autres. Ils ont tous été poussés rapidement à quitter cette maison où l'horreur commise par son propriétaire d'origine se fait toujours ressentir, et on croiserait selon certains témoins, les esprits égarés des victimes de Landru, en recherche du repos éternel.

Source :

http://paranormal-history.over-blog.com/2015/12/la-maison-de-henri-desire-landru.html

LE CHÂTEAU DE COMBOURG

Combourg (Bretagne)

Le village de Combourg est situé en Ille-et-Vilaine (35), près de la forêt de Brocéliande, haut lieu mythique. Au Vème siècle, une fontaine miraculeuse aurait même jailli, redonnant la vue aux aveugles... Non loin de ce lieu chargé d'histoires étranges et de légendes se dresse le château édifié entre le XIème et le XVème siècle par l'évêque de Dol. C'est en 1761 que René-Auguste de Chateaubriand, père du futur écrivain romantique et politicien François-René de Chateaubriand, en fait l'acquisition.

Mémoire d'outre-tombe François-René, vicomte de Chateaubriand a passé une grande partie de son enfance dans le château. Son œuvre autobiographique, Mémoires d'outre-tombe évoque cette période. Au fil des 12 tomes, l'auteur décrit la mélancolie des lieux et ses années passées à Combourg avec un père aux promenades silencieuses, une mère pieuse, sa sœur Lucile avec laquelle il nouait une vraie complicité... Alors qu'il entend le chant de la grive, son enfance lui revient en mémoire.

Selon François-René de Chateaubriand, le château serait hanté par un fantôme à la jambe de bois accompagné d'un chat noir... Il s'agirait de l'âme errante de Malo III Auguste (1678-1727), ancien Comte de Combourg et Marquis de Coëtquen. Lieutenant général du Roi Louis XIV, Malo III Auguste se distingua lors du siège de Lille (1708). Pendant la bataille de Malplaquet en 1709, sa jambe fut emportée par un boulet de canon. Victime d'une amputation, on lui posa une jambe de bois.

La nuit tombée, les pas de Malo III de Coëtquen et les miaulements du chat résonneraient depuis dans le grand escalier de la tourelle. Vue générale du village de Combourg et de son château La "Tour du chat", théâtre des hantises. D'autres événements survenus après la mort de l'écrivain font perdurer la légende et notamment la découverte en 1876, au cours de travaux de restauration, de la momie d'un chat dans le mur d'une pièce du château. Au Moyen-Âge, la tradition voulait qu'un chat noir soit capturé et emmuré pour protéger tout nouvel édifice du démon. C'est ce qui fut fait afin de conjurer le mauvais sort et de protéger les habitants du château de Combourg. La "Tour du chat" serait donc la partie « maudite » du château de Combourg.

C'est là que sont observés d'étranges phénomènes, engendrant un sentiment de peur chez les habitants successifs de la forteresse. Le château est actuellement ouvert aux visiteurs et la momie du chat, retrouvée emmurée, est exposée dans l'ancienne chambre de François-René de Chateaubriand. Lors de la visite d'un touriste dans la pièce où est exposée la momie, alors que le guide expliquait la tradition pour conjurer le mauvais sort au Moyen-Âge, la porte se serait fermée toute seule.

Selon le guide, c'est l'esprit du chat qui voulait témoigner de sa présence. Dans la "Chambre rouge" (Chambre du père de François-René de Chateaubriand) située dans la "Tour du chat", des témoins auraient assisté à l'apparition du spectre d'une jeune femme. On raconte qu'elle aurait vécu au château sous la Révolution Française... Des amis de l'actuel propriétaire du château invités à dormir dans cette même "Chambre rouge", racontent qu'ils furent réveillés par des bruits inquiétants et par l'apparition d'une étrange lumière sous le lit...

Mythe ou réalité ? Des reportages télévisés ont été consacrés à ces phénomènes étranges : Les 30 histoires les plus mystérieuses, La soirée de l'étrange, etc. Les experts ès paranormal et autres médiums venus constater les faits présumés, parlent de "présences et/ou de forces invisibles" dans le château. Force est de constater que seuls les différents maîtres des lieux semblent s'en accommoder... Le Chateau de Combourg est classé monument historique depuis 1997.

Source :

https://www.gameblog.fr/blogs/geek35/p_101309_lieux-abandonnes-et-hantes-le-chateau-de-combourg

LA LÉGENDE DU FANTÔME DES TUILERIES

Paris (Ile de France)

Comme chaque grande ville, Paris a son lot d'histoires et de fantômes. Parmi eux, le fantôme des Tuileries ! Resté dans la mémoire populaire comme l'Homme rouge des Tuileries, celui qu'on appelle aussi le petit homme rouge des Tuileries a fait hurler d'effroi plus d'un habitant du palais.

La légende raconte que le palais des Tuileries a longtemps été hanté par un fantôme prenant la forme d'un petit homme rouge couvert de sang et entouré d'une brume rouge. Son spectre n'apparaîtrait qu'aux habitants du palais à qui il devait arriver un grand malheur…

Au cours des siècles, le fantôme est apparu plusieurs fois devant des personnages illustres, prédisant des évènements désormais gravés dans l'histoire. C'est seulement depuis que la résidence du fantôme a disparu – le palais des Tuileries – que le fantôme repose en paix et ne vient plus effrayer les vivants.

Mais quelle est donc l'identité de ce fantôme et pourquoi hante-t-il le palais des Tuileries ?

L'histoire de Jean dit l'Ecorcheur remonte au 16ème siècle. À cette époque, Catherine de Médicis décide de construire une résidence royale tout près du Louvre, à l'emplacement des fabriques de tuiles longeant le bord de la Seine : le futur palais des Tuileries. Cependant, des Parisiens habitent déjà à cet endroit-là. Parmi eux se trouve un certain Jean l'Ecorcheur, boucher de son état.

Des rumeurs circulent selon lesquelles ce dernier détient des secrets la concernant, notamment au sujet de l'empoisonnement de sa rivale de toujours, Diane de Poitiers. Sans pitié envers ses ennemis, Catherine décide alors de se débarrasser du boucher en le faisant assassiner par l'un de ses sbires, Neuville.

Ce dernier tue le pauvre boucher qui rend son dernier souffle en criant « Je reviendrai ». Peu intimidé par cette menace, Neuville est en chemin pour faire son rapport à la reine lorsqu'il ressent une présence derrière lui. Il se retourne et horreur ! L'Ecorcheur se tient debout devant lui, baignant dans son sang. L'assassin tente alors de le transpercer d'un coup d'épée mais l'apparition disparaît soudainement. Afin de s'assurer de la mort de l'Ecorcheur, Neuville retourne sur les lieux du crime... pour découvrir que le cadavre a disparu !

La première victime du fantôme est bien évidemment l'instigatrice du meurtre : Catherine de Médicis. Bien que fervente pratiquante de l'astrologie et de la magie, elle ne croit pas un mot de ce que lui rapporte Neuville et lui ordonne gentiment d'aller se reposer afin de reprendre ses esprits. Cependant, Catherine de Médicis est une femme profondément superstitieuse. C'est ainsi que le doute s'immisce cruellement en elle lorsque son astrologue, Cosme Ruggieri, lui confesse avoir vu l'homme rouge dans une vision. En effet, un petit homme entouré d'une brume rouge lui est apparu en rêve et a prédit la mort de la souveraine près de Saint-Germain. Malgré cela, Catherine continue à vivre au Tuileries, jusqu'à ce qu'un jour, le fantôme apparaisse sous ses yeux et réitère la même prophétie.

Traumatisée par cette vision, la souveraine s'exile à Blois et évite consciencieusement tout ce qui se rapporte à Saint-Germain. Elle n'échappe pourtant pas totalement à la prophétie puisque le prêtre qui lui octroie l'extrême-onction (le dernier sacrement, donné juste avant la mort) s'appelle Julien... de Saint-Germain !

Cependant, les funestes prédictions du spectre vengeur ne s'arrêtent pas là. Il apparaît avant l'assassinat d'Henri IV ou encore avant la mort de Louis XIV. Marie-Antoinette affirme elle aussi l'avoir vu dans sa chambre après son arrivée aux Tuileries. On raconte même l'avoir aperçu dans le lit de Louis XVI le lendemain de sa fuite à Varennes.

On pourrait penser que le fantôme se serait calmé une fois la monarchie renversée. Cela n'a pourtant pas été le cas ! Des contemporains de Napoléon Ier rapportent que ce dernier reçoit à plusieurs reprises un petit homme vêtu de rouge et que la visite de cette personne étrange a toujours précédé une victoire militaire. Le fantôme serait-il devenu bienveillant ? Pas tout à fait. En effet, à partir du moment où il devient empereur des Français, Napoléon se laisse aveugler par son orgueil et refuse de suivre les conseils du fantôme. Ce dernier lui apparaît alors une dernière fois, juste avant la bataille de Waterloo…

Le fantôme continue d'apparaître ponctuellement dans le palais des Tuileries jusqu'à la destruction de celui-ci par les Communards le 23 mai 1871. Plusieurs témoins voient alors un petit homme rouge apparaître dans les flammes qui ravagent le bâtiment et s'évaporer avec lui…

Depuis cette date, plus de signes du fantôme rouge qui peut enfin reposer en paix après la destruction du monument qui a causé sa mort.

Source :

https://www.lesdecouvreurs.com/legende-homme-rouge-fantome-tuileries-paris/

L'ÉGLISE D'INCARVILLE

Incarville (Normandie)

Depuis de nombreuses années, l'église Saint-Pierre d'Incarville fait l'objet de nombreuses spéculations de la part des adeptes de phénomènes paranormaux. À tort ou à raison, il se dit que la bâtisse serait hantée par le fantôme de l'abbé René Delamare (1880-1948), parfois aussi dénommé Gilbert Delamare. Sa tombe se trouve d'ailleurs à l'intérieur de l'édifice.

L'homme a marqué son époque : curé de la paroisse de 1929 jusqu'à sa mort, en 1948, et guérisseur, il pratiquait la radiesthésie, un procédé qui permettrait de détecter des radiations. Cette pratique l'a conduit, en 1931, au forage d'un puits artésien de tout de même 904 mètres de profondeur dans la commune.

« L'homme avait le pressentiment qu'il y avait du pétrole sous terre, non loin de l'église. Il demanda l'avis de l'abbé Bouly, radiesthésiste de l'époque qui disposait d'une grande notoriété. Il lui a confirmé son hypothèse, après s'être rendu sur place avec son pendule. C'est Georges de Boisgelin, conseiller général du canton de Beaumont-le-Roger, qui a financé les opérations », raconte Pierre Molkhou, historien et auteur du livre Le reflet des jours sur le village d'Incarville. L'élu de Beaumont-le-Roger aurait fait venir un derrick d'une vingtaine de mètres de hauteur (une tour en bois) pour le forage, ainsi qu'une équipe d'ouvriers. C'est alors qu'à 300 mètres jaillit un geyser d'eau, mais aucune trace de pétrole.

Sûr de lui, l'abbé Delamare poursuivit les recherches jusqu'à 904 mètres. Encore une fois, ce ne fut pas le butin attendu mais, surprise, une source d'eau chaude à 28 degrés. « Les opérations avaient permis d'atteindre une nappe phréatique formée par l'infiltration des eaux superficielles coincées entre deux couches imperméables. Cette eau, réchauffée par contact géothermique, provient des régions limitrophes du bassin parisien et s'échappe du forage par un simple phénomène de vases communicants », écrit Pierre Molkhou dans son livre.

Par la suite, la source, qui possède des propriétés dermatologiques, fit office « de piscine chauffée pour les habitants dans les années 1950 et 1960 avant d'être rachetée, en 1978, par la commune aux héritiers de Monsieur de Boisgelin », raconte Michel Levallois, élu d'Incarville. « Elle fut même utilisée à partir de 1995, pendant une courte durée, par une entreprise d'élevage de poissons exotiques », s'amuse-t-il. Aujourd'hui, la source a été réhabilitée. Un canal lui permet de s'évacuer vers l'Eure avec un débit de 60 à 80 m³/h.

On raconte que l'esprit de l'abbé Delamare hante l'église. « C'est une légende qui date des années 1980/1990. Lorsqu'on entrait dans l'église, on entendait des chuchotements. Ça a duré un an. Je l'ai constaté par moi-même, certains avaient peur. On raconte que c'était l'esprit de l'abbé Delamare qui revenait. En réalité, c'était une chouette qui s'était logée dans le clocher », explique l'élu.

Si la légende veut que le fantôme de l'abbé Delamare hante les lieux, elle précise aussi que c'est un fantôme bienveillant...

Source :

https://www.paris-normandie.fr/art/insolite/paranormal-dans-l-eure--a-la-decouverte-de-l-abbe-fantome-d-incarville-DA15406353

LE CHÂTEAU-GAILLARD

Les Andelys (Normandie)

Le fantôme d'une reine adultérine traîne-t-il son spectre dans les murs de la forteresse des Andelys ? Une poignée de sites d'amateurs de phénomènes paranormaux relaye que l'esprit de Marguerite de Bourgogne hanterait les ruines de Château-Gaillard, façon Dame blanche... Vraiment ?

Revenons-en aux faits historiques pour mieux cerner la fable, avec Pascal Pottier, guide à Château-Gaillard depuis 2007 et qui n'a « jamais vu d'ombre » traîner dans les parages, soit dit en passant...

La duchesse Marguerite de Bourgogne s'apprête à endosser le rôle de reine car mariée à Louis, le fils aîné du roi Philippe IV le Bel. De son mariage avec Louis naîtra Jeanne. Les belles heures heureuses s'écoulent à la cour itinérante du roi de France en attendant la succession...

Mais patatras ! Tout s'effondre en avril 1314 quand Isabelle d'Angleterre, la sœur de Louis, dénonce à son paternel le roi Philippe les mœurs quelque peu légères de ses trois belles-sœurs : les irréprochables Marguerite, Jeanne et Blanche entretiendraient des relations passionnées et secrètes avec des chevaliers dans la Tour de Nesle, à Paris. Scandale ! « Ça amène un énorme pataquès à la cour. » Un procès « retentissant » se tiendra. Les chevaliers laissent tomber l'armure et sont roués, écorchés vifs, émasculés, arrosés de plomb en ébullition, décapités puis pendus, « pour les laisser pourrir quelques semaines » sur la place publique. Là où il y a de la gêne, il n'y a pas de plaisir : tout ceci se passe devant les yeux épouvantés des nobles adultérines !

Jugées coupables, tondues, accoutrées de guenilles, direction les cachots de Château-Gaillard pour Marguerite et Blanche, « dans des conditions extrêmement dures ». La bru, Jeanne, est dédouanée, car n'officiant que sous un rôle d'entremetteuse. En prime, Jeanne, la fille de Marguerite, se voit chargée de graves soupçons de bâtardise, au regard du libertinage maternel. Fin du premier acte.

Le roi Philippe rend son dernier souffle en novembre 1314. Le roi est mort, vive le roi ! Louis X devient alors le souverain du royaume. « Marguerite se dit qu'elle est maintenant la reine. Mais Louis ne lui a pas pardonné l'adultère. » La sulfureuse reine reste croupir entre les pierres de Château-Gaillard.

Marguerite s'éteint le 30 avril 1315, « d'une cause inconnue mais tout porte à croire qu'il s'agirait de la tuberculose ». De son côté, le roi n'a pas chômé et a épousé Clémence de Hongrie en août de cette même année. « Soit un délai extrêmement court à la vue des us et coutumes de la monarchie de l'époque ! On a ouvert la voie à toutes les interprétations possibles et imaginables. »

Mort naturelle ou assassinat ? Étouffée, étranglée, empoisonnée ? De multiples hypothèses gravitent autour de la mort de Marguerite et certains imaginent que c'est Louis qui aurait tué ou fait tuer sa femme. « Sauf qu'on n'en sait strictement rien ! » Sexe, sang et pouvoir : tous les ingrédients d'une savoureuse intrigue sont bien présents pour alimenter les rumeurs, même les plus saugrenues...

On raconte que la dame blanche apparaîtrait encore dans les ruines du château.

Sources :

https://www.paris-normandie.fr/art/insolite/paranormal-dans-l-eure--a-la-decouverte-des-fantomes-de-chateau-gaillard-OB15508262

http://www.paranormal-info.fr/rip-le-chateau-de-gaillard-v345.html

LA MAISON QUI SAIGNE

Saint-Quentin (Hauts de France)

Des bruits étranges les réveillant au milieu de la nuit, des taches de sang apparaissant sur les murs de leur maison et une cave dont la porte s'ouvre toute seule… Tel fut le quotidien de Lucie et Jean-Marc Belmer après leur emménagement dans une maison de Saint-Quentin dans les Hauts-De-France. Un mystère qui, malgré l'intervention de la police et d'un prêtre, reste de nos jours, inexpliqué.

Septembre 1986, un couple de jeunes mariés s'installent dans une maison située à Saint-Quentin en Picardie. Lucie et Jean-Marc Belmer souhaitent ainsi démarrer une nouvelle vie en emménageant dans le quartier tranquille de Rémicourt, abritant moins de soixante-mille habitants. Le pari semble être réussi : le couple, ainsi que leur chien, s'adaptent de plus en plus à leur logement ainsi qu'à leur voisinage.

Comme tous les matins, alors que Jean-Marc part travailler, Lucie reste seule dans la maison. Un jour, elle remarque une tâche rouge sur la table de la cuisine mais également sur ses draps. Ne se posant pas plus de questions, elle les nettoie et continue sa journée en oubliant cet incident. Mais le soir même, alors que le couple dort, des bruits étranges venant du rez-de-chaussée réveillent la jeune femme. Des bruits de casseroles et de vaisselles qui tombent, mais également de portes qui claquent. Lucie en informe son mari qui la rassure en lui affirmant qu'il doit s'agir des voisins.

Ainsi, le couple continue de mener une vie calme, jusqu'à ce que les fameuses tâches rouges commencent soudainement à apparaître sur les murs de la maison. Jean-Marc affirme d'abord que c'est la peinture blanche qui doit être d'une mauvaise qualité, et qui doit laisser transparaître la peinture de couleur en dessous. On pense également que c'est le chien du couple qui, étant peut-être blessé à la queue, pourrait arroser les murs de son sang. Mais en observant l'animal, on se rend compte qu'il n'a aucune blessure.

Un soir, en rentrant chez elle, Lucie découvre la porte de sa cave grande ouverte alors qu'elle se rappelait l'avoir fermée en sortant. La jeune femme affirme qu'une fois engagée dans la cave, la porte s'est brusquement refermée derrière elle. Face à ces mystères, l'inquiétude gagne de plus en plus Lucie qui n'ose plus rester seule chez elle. Elle entend chaque jour de nouveaux bruits et se rend compte en discutant avec ses voisins qu'ils n'ont rien à voir avec cela ; pire : ils affirment ne rien avoir entendu de tel.

L'angoisse s'installe chez le couple, d'autant plus que de nombreux curieux s'approchent de la maison pour appeler les esprits et visiter la demeure qui, maintenant, a la réputation d'être hantée. Jean-Marc décide alors d'appeler la police afin de rassurer sa femme et de comprendre d'où viennent ces phénomènes. Après avoir fait le tour de la maison sans trouver d'indice, les policiers affirment que, pour eux, c'est certainement une personne qui tente de faire peur aux Belmer. Afin d'enquêter sur cette mystérieuse affaire, ils mettent en place un étrange dispositif. Les agents recouvrent le sol de farine dans l'espoir de découvrir des traces de semelles si quelqu'un visite la maison, et demandent ensuite aux Belmer de passer la nuit à l'hôtel. Le lendemain matin, alors qu'aucune empreinte de pas n'apparaît sur le sol de la maison, on trouve de nouvelles traces rouges sur les murs de la cuisine et sur les draps de Lucie et Jean-Marc. La police récupère des échantillons et découvre alors qu'il s'agit de sang humain.

N'ayant plus aucun recours et estimant leur demeure maudite, le couple Belmer fait appel à un médium. Celui-ci affirme que la source de leurs problèmes se trouve dans la cave. Une fois dans cette partie de la maison, il détermine un endroit où creuser pour découvrir l'origine du mystère. Hélas, ces fouilles ne donneront aucun indice et s'avéreront inutiles.

Lucie et Jean-Marc contactent ensuite un prêtre pour bénir les lieux et éloigner les mauvais esprits dans l'espoir que tout rentre dans l'ordre. Malgré de nombreuses prières, le couple continue d'entendre des bruits étranges et de voir des taches de sang apparaître sur les murs de leur maison. Effrayés, les Belmer décident de quitter l'endroit.

Alors que cette histoire représente aujourd'hui encore un grand mystère, de nombreux témoignages nous prouvent que la maison de Saint-Quentin n'est plus hantée de nos jours. En effet, après le départ des Belmer, un nouveau couple achètera la demeure et affirmera ne rien avoir vécu d'inhabituel. La maison est ensuite revendue une nouvelle fois en 2012, après de nombreux travaux entrepris en 2009. « Elle était habitable mais il fallait un bon coup de peinture. Et ce n'était pas pour cacher de quelconques traces de sang. Juste des travaux d'entretien. », affirme le nouveau propriétaire en expliquant n'avoir jamais vécu de phénomènes paranormaux. Ce qui le gêne le plus, ce sont les nombreux curieux qui viennent le visiter pour savoir si sa maison est bien « la fameuse maison qui saigne ».

En effet, l'histoire de la maison de Saint-Quentin avait été rendue visible dans les médias en juillet 1992, dans un épisode de l'émission Mystères. Il s'agissait davantage d'un programme spectaculaire, s'appuyant sur de nombreux témoignages effrayants dans le but d'intéresser ses téléspectateurs, que d'une émission d'investigation. Ainsi, lorsque l'on sait cela et en estimant qu'aucun des propriétaires suivants n'a connu de phénomènes identiques, on peut se questionner sur cette histoire.

Est-ce Lucie qui possédait un pouvoir ou une sensibilité la rendant apte à ressentir ces phénomènes paranormaux, sachant que c'est souvent elle qui découvrait les tâches et entendait les bruits ? Ou bien serait-ce une histoire inventée dans le but d'effrayer la population ? Ce qui est sûr, c'est que nous n'avons pas encore percé tous les mystères de cette maison sanglante.

Source :

https://www.noxfrance.com/post/la-maison-de-saint-quentin-un-myst%C3%A8re-sanglant

LE PHARE DE CALAIS

Calais (Hauts de France)

À Calais, les faits inexpliqués décrits rappellent à certains lecteurs une légende urbaine bâtie autour de faits mystérieux au phare de Calais, boulevard des Alliés. Des faits que résument ainsi Michel Hamy, salarié d'Opale tour, l'association qui gère les visites au phare. « Personnellement, je n'ai rien vécu de particulier ici, mais quelques salariés ont observé des phénomènes inexplicables. Des portes qui claquent toutes seules, des bruits de pas ». Le président d'Opale Tour a des choses à raconter.

Guy Leuliet, qui préside Opale Tour depuis trois ans, a en effet des choses à raconter. Et selon lui, pas le genre d'histoires qu'on rapporte pour amuser la galerie ou pour effrayer les touristes. « Oui, je confirme avoir été le témoin de phénomènes surprenants, inexplicables, comme d'autres salariés d'Opale Tour avant moi. Nous sommes plusieurs à avoir partagé ce sentiment que nous n'étions pas seuls dans une pièce, à avoir entendu des bruits de pas. Nous nous y sommes habitués, on ne sent rien de mauvais. » On veut en savoir plus sur ces bruits de pas, qui pourraient être simplement le fait de touristes, nombreux à visiter ce phare plus que centenaire. « Non, c'est impossible, c'était quand le phare était fermé au public. J'ai une anecdote : un soir j'étais en discussion avec un salarié au premier étage. On entend des bruits de pas au rez-de-chaussée. On descend tous les deux en pensant que quelqu'un nous attendait, personne. Une fois en bas, ces mêmes bruits de pas venaient cette fois du premier étage, d'où nous venions, et où il n'y avait personne. » Guy Leuliet raconte encore : « Une collègue, un jour, se trouve seule dans le phare. Quelqu'un frappe à la porte : elle ouvre, il n'y avait personne à l'extérieur. Elle est pourtant persuadée que quelqu'un a frappé. » Encore un fait bizarre selon lui : « Un matin, en ouvrant le phare, un salarié monte et trouve des empreintes de deux mains sur une marche humide, il a fait une photo. » Les mains de la femme de ménage ? « Non, impossible, personne n'avait pu monter avant lui. » Troublé par ces phénomènes, Guy Leuliet rapporte une autre curiosité : « Un jour je trouve un papier à terre. Je le ramasse, je le pose sur le bureau et je quitte la pièce quelques minutes. Quand je suis revenu, le papier était de nouveau à terre, exactement là où je l'avais trouvé la première fois. »

Ces anecdotes, les salariés sont nombreux à les partager, ou à les entretenir. Le président et deux employés avancent un autre fait troublant selon eux. « On est plusieurs à avoir senti un parfum de femme, imprégné d'une odeur de rose. » Des bruits de pas, des portes qui claquent, un parfum qui s'égare... Ne s'agirait-il pas d'attiser la curiosité des touristes ? Les salariés d'Opale Tour s'en défendent, exhumant des archives de la Ville de Calais, un fait historique révélé par Michel Hamy, qui ajoute au mystère : « Lors de la construction du phare en 1845, les squelettes d'une femme et d'un homme ont été découverts, sans que l'on soit en mesure de dire de qui il s'agit. » Un fait que confirme l'historien local et président de l'Association pour la mise en valeur du patrimoine architectural du Calaisis, Dominique Darré : « La phare a été construit sur les fortifications de Calais, sur un site de défense, où la présence de corps pouvait s'expliquer. Ces squelettes pouvaient être là depuis très longtemps. » Personne cependant n'avance que les âmes égarées de ces cadavres hantent le phare de Calais. Le président Guy Leuliet ajoute : « L'histoire du phare a été émaillée d'un suicide, à la fin du XIXe siècle. L'ancien maire d'Ardres, qui s'est jeté de la septième fenêtre. » Les amateurs d'occultisme se rendront peut-être avec curiosité au phare de Calais. Les Cartésiens s'amuseront et joueront les mauvais esprits.

Source :

https://www.lavoixdunord.fr/art/region/calais-au-phare-des-phenomenes-inexpliques-qui-jna33b48581n1165326

LE CHÂTEAU DES LUMIÈRES

Lunéville (Grand Est)

Le Château de Lunéville a été construit et reconstruit sur une période de 17 ans (1703-1720) durant "le siècle des Lumières", sur une ancienne fortification médiévale remontant à l'an 1000.

Situé à environ 40km de Nancy, en Meurthe-et-Moselle dans la région Lorraine, il est le domaine des plus grands ducs lorrains et de certains grands noms de l'Histoire de France (du Moyen-Age jusqu'au 18ème siècle), comme par exemple Charles le Téméraire, qui a occupé le château en 1476, sous le règne des Bourguignons au XVème siècle. Mais c'est sous le règne de Stanislas Leszczynski ou Stanislas, aristocrate et roi de Pologne, que le château se fait connaître, notamment du fait que ce dernier, est le beau-père du roi de France Louis XV, et qu'il aura contribué à faire du château un terrain de rencontre, de tous les plus grands philosophes du siècle des Lumières. A la mort de Stanislas, ce château se transforme ensuite, en une caserne militaire, notamment pour former des soldats d'élites de l'armée française, et se durant tout le XIXème siècle.

Pourtant, ce magnifique château, cacherait une mystérieuse malédiction, et va connaitre au total 7 incendies majeurs et ce durant plusieurs siècles, causant de nombreux dégâts au château et nécessitant des travaux de rénovations jusqu'en 2023. Selon une légende, le roi Stanislas aurait conclu un pacte avec un étrange individu, promettant pouvoir et richesse, mais il était certainement loin de penser, qu'une malédiction allait se mettre en place, et que des esprits pyromanes seraient à l'origine de ces phénomènes étranges qui frapperont le château.

Le 1er incendie eu lieu le 3 janvier 1719, dans l'aile droite du château, et provoqua 7 décès.

Le second se déclare en 1739, dans l'aile de l'avant-cour au 1er étage du château.

Le troisième eu lieu en 1759, exactement au même endroit que le second.

Le quatrième fait rage en 1789, est aurait pu causer plus de dégâts que ses prédécesseurs. En effet, il a débuté des cuisines situées au sous-sol du château, jusqu'au grand escalier, mais l'incendie a été stoppé, du fait que le lieu est construit en pierre, et non en bois.

Le cinquième se déroula le 1er janvier 1814, détruisant la petite aile nord de la cour du château.

Le sixième s'est déclaré le 23 novembre 1849, dans l'aile droite du château (comme en 1719), à 6h du matin. Il a fallu 24h pour que les pompiers arrivent à maitriser l'incendie, car à cette époque, le seul moyen d'éteindre un feu, était de former une chaîne humaine avec des seaux en bois remplies d'eau prise dans le canal. Les chutes de poutres et de cheminées ont occasionné deux amputations importantes à 2 soldats : le 1er a perdu un pied, et le second deux doigts.

Le dernier incendie se déclara le 19 mars 1961, 300 à 500m2 de toiture et de charpente partent en fumée y compris la totalité de la toiture de l'aile gauche de l'édifice.

Malheureusement, la malédiction ne s'arrête pas là, et un 8ème incendie se déclare dans la nuit du 2 au 3 janvier 2003. De nombreux dégâts sont relevés et ont ravagé de nombreux bâtiments du château : deux appartements princiers appartenant au Ministère de la Défense, un tiers des bâtiments du Conseil Général de Meurthe et Moselle, la toiture de l'aile sud-est de la chapelle royale, et d'importants éléments de maçonnerie. Des mesures de première urgence ont été mises en place pour assurer la sécurité des visiteurs, elles sont estimées à 3 millions d'euros. Une enquête a été également ouverte, pour savoir si l'incendie est d'origine criminelle. Bien entendu, on est loin d'imaginer que cet incendie soit lié aux 7 autres connus du château, et à la malédiction.

Source :

http://paranormal-history.over-blog.com/2015/12/le-chateau-des-lumieres-de-luneville.html

LES CATACOMBES

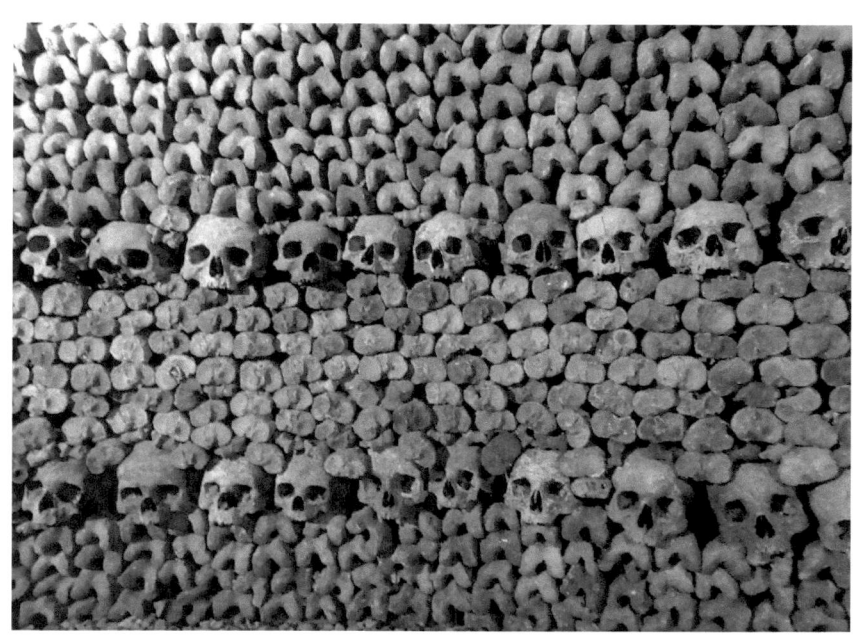

Paris (Ile de France)

Avant d'être transformés en un gigantesque ossuaire humain sous la capitale, les catacombes étaient à l'origine des carrières souterraines qui s'étendaient sur plus de 300km, et ce afin d'y extraire de la pierre permettant la construction de nombreux bâtiments de Paris pendant plusieurs siècles.

Afin de faire face aux problèmes de "surpopulation" du cimetière des Saints-Innocents, les carrières parisiennes ont été réaménagées en lieu de repos pour les morts.

En effet, à cette époque, beaucoup de parisiens n'avaient pas énormément les moyens de payer à leurs défunts une sépulture décente, et ils devaient se résoudre à enterrer leurs proches dans des fosses communes. En conséquence, la décomposition grandissante des corps a poussé le développement de nombreuses épidémies, rendant la vie des riverains difficile, incommodés par l'odeur de la mort présente, malgré la profondeur de ces fosses pouvant atteindre jusqu'à 10m.

C'est donc à partir du 30 mai 1780, que le cimetière des Saints-Innocents fut définitivement fermé, à la suite d'un incident qui provoqua l'éboulement d'un mur d'une cave de la rue de la Lingerie, contiguë au cimetière, qui céda sous le poids des milliers de cadavre contenus dans une fosse commune.

C'est également pour une raison économique, la ville parisienne manquant de marchés, et celui des Halles étant trop exigu, du fait que celui-ci fut accolé au cimetière. Le but étant de désengorger tout un quartier très peuplé de jour comme de nuit.

Cependant, la fermeture du lieu, n'empêche pas l'odeur nauséabonde qui en émane. Au cours des derniers mois de l'année 1785, les transferts d'ossements humains vers les catacombes commencent, et s'achèvent au bout de quinze mois. Les opérations de transferts de corps vont se poursuivent pendant encore 3 périodes :

- De 1787 à 1814, sous le Premier Empire.

- De 1842 à 1860, où pas moins de 800 voitures transportent les ossements en direction des catacombes.

- Et enfin, de 1852 à 1870, sous le règne de Napoléon III, et durant les grands travaux de réaménagement de la capitale par Haussmann.

Le dernier transfert d'ossements connu eu lieu en 1933.

Il y a également une chose pour le moins surprenante au sujet de ces catacombes. Cela a beau être un lieu en soi macabre, il suscite néanmoins la curiosité de nombreuses personnes désireuses d'explorer l'ossuaire. C'est à partir de 1787, qu'on relève les premières visites, et notamment celle remarquée du Comte d'Artois, le futur roi de France Charles X. Et cela ne sera pas d'ailleurs la seule visite émanant d'une personnalité connue. En effet beaucoup d'autres ont visité les catacombes parmi elles Napoléon III, Oscar de Suède, Bismarck ou encore un pionnier de la photographie aérienne Nadar.

Ce n'est qu'en 2002, que les Catacombes parisiens sont reconnus comme un lieu de mémoire de Paris, et que les visites sont guidées. Pour visiter cet ossuaire, il faut compter 45min et un parcours long de 2km de marche. On recense aujourd'hui près de 6 millions d'ossements parisiens.

Le cimetière des Saints-Innocents

Il n'est pas étonnant de constater qu'un lieu aussi riche en histoire, puisse être également le théâtre de phénomènes paranormaux. En effet c'est dès 1777, que les premiers événements étranges ont lieu, avec l'apparition d'un mystérieux "Homme Vert". Il hanterait encore les catacombes aujourd'hui, à en croire les visiteurs qui l'auraient aperçu ou qui ont vu des traces de pas sur les sols.

Ce lieu a malheureusement été aussi la cible d'actes malsains, qui ont peut-être intensifiés l'activité paranormale du lieu. Le 13 septembre 2009, les catacombes sont victimes d'actes de vandalisme. Des rituels sataniques et des sacrifices de chats ont été apparemment aussi constatés.

Dernièrement dans la culture populaire, les catacombes parisiennes ont inspiré le réalisateur John Erick Dowdle pour son film (Catacombes) sortie en 2014, qui relate des légendes urbaines sur ce site historique.

Source :

http://paranormal-history.over-blog.com/2015/12/les-catacombes-de-paris.html

L'OPÉRA GARNIER

Paris (Ile de France)

Il est des légendes qui interpellent du fait de leur profond lien avec la réalité. La légende du fantôme de l'Opéra Garnier en fait partie...

Le fantôme de l'Opéra Garnier, c'est l'histoire d'un petit garçon prénommé Ernest qui devient orphelin en 1863. En effet, sa mère, célèbre danseuse à l'opéra de Paris, décède à la suite de graves brûlures causées par une des rampes à gaz de l'opéra. Celui-ci ne se tient alors pas encore au Palais Garnier mais dans une salle de la rue « Le Peletier ».

Ce tragique accident n'empêche pas Ernest de devenir un virtuose et de tomber amoureux d'une ballerine de l'opéra. Néanmoins, dix ans plus tard, le sort s'acharne. La salle de la rue « Le Peletier » prend feu lors de la répétition d'un ballet. Ernest voit sa bien-aimée mourir sous ses yeux... Tout le monde le croit mort après l'effondrement du bâtiment et pourtant d'étranges événements surviennent au Palais Garnier, le nouvel opéra. Du matin au soir, le fantôme d'Ernest semble hanter le palais. Tandis que le son d'un piano résonne dans une salle de répétition la nuit, un contrebassiste affirme avoir découvert un matin sa partition corrigée de quelques coquilles…

Dans les années 1890, alors que le fantôme est craint de tous, une fillette nommé Christine affirme que celui-ci veille sur elle. Après quelques années, le fantôme finit par lui apparaître pour lui déclarer sa flamme. Il lui affirme la regarder à toutes ses représentations depuis la loge n°5 de l'Opéra. Tour à tour stupéfaite, curieuse puis terrorisée par la passion que lui voue le fantôme, elle décide de le fuir.

Mais Ernest ne s'avoue pas vaincu. Si bien que le 20 mai 1896, Christine obtient le premier rôle d'une représentation à la suite d'un tragique accident. La rivale de Christine pour le premier rôle voit sa mère mourir sous le lustre du Palais Garnier qui s'est détaché du plafond. Ayant compris qu'il s'agissait de l'œuvre du fantôme de l'Opéra, Christine décide d'abandonner la danse et de se marier. Elle n'entendra plus parler de lui.

Malgré ce départ, nombreux accidents et décès continuent de survenir lors des représentations. Parmi eux, l'incendie criminel de 1950 qui a bien failli détruire le Palais Garnier. C'est ainsi qu'en 1992, un médecin est désigné pour être présent dans la salle à chaque spectacle en échange de billets gratuits...

Aujourd'hui encore, aucun spectateur ne souhaite assister aux représentations dans la loge n°5 du Palais, en seriez-vous capable ?

Source :

https://www.lesdecouvreurs.com/histoire-fantome-opera-garnier/

LE CHÂTEAU DU TOURNEUR

Le tourneur (Normandie)

Lieu de légendes, le château des Noyers au Tourneur est depuis plus d'un siècle, le théâtre d'apparitions et de phénomènes étranges et jusqu'ici inexpliqués…

Du haut de ses 625 habitants et de son allure paisible, rien ne présage des phénomènes, pour le moins étranges, qui se déroulent dans la petite commune du Tourneur…

De la légende de la Dame Blanche qui errerait dans le parc du château, damnée « pour s'être trop mirée », à celle de Saint-Quentin, en passant par celle de la féerie du Moulin de Roucamps et de Robin de la Nuit ou encore par celle d'un loup-garou qui terrorisait les Tourneraises et Tournerais, la commune est indéniablement une terre de légendes.

La plus connue d'entre toutes est sans nul doute celle du château des Noyers, demeure qui serait hantée depuis plus d'un siècle…

Des murs mangés par le lierre, un manoir invisible de la route situé au fond d'un étroit chemin, des corbeaux qui ont pris possession des lieux… La légende raconte que le château du Tourneur, construit dans les années 1830, serait le théâtre de manifestations paranormales jusque-là toujours restées inexpliquées et inexplicables…

« Il se passe toujours quelque chose, à chaque fois nous sommes confrontés à des apparitions », confie Didier Duchemin, maire du Tourneur depuis 2010. « Il y a 7-8 ans, une tête de femme est clairement apparue à la fenêtre de la chambre verte lors d'un son et lumière, les photos qui ont été prises ce soir-là attestent de ce fait. À un autre son et lumière également organisé au château, la bande-son s'est arrêtée net au moment où elle diffusait le texte suivant « les fantômes sont de retour » », ajoute-t-il. Ce qui lui fait dire que le château des Noyers est l'un « des plus hantés de France ». Autre phénomène pour le moins curieux : sur l'une des photos prises lors d'un spectacle dans le parc du château, la tête d'une des comédiennes jouant la Dame Blanche est tout bonnement… coupée !

Loin d'être une nouveauté, ces phénomènes remonteraient aux années 1860.

Tout d'abord propriété de la famille De Baudre, la demeure fut ensuite donnée en héritage à la famille de Manneville en 1867 avant de passer dans les mains de l'énigmatique M. Decaen en 1884. Le manoir fut habité jusque dans les années 1980, la dernière habitante étant Madeleine Richard. Il fut ensuite ravagé par un incendie en 1984 : « tout a brûlé sauf la chambre verte », précise le maire du Tourneur. Il appartient aujourd'hui à un propriétaire privé.

Les manifestations paranormales auraient connu leur apogée entre 1867 et 1976 lorsque le château était habité par Pauline de Cussy et Ferdinand Lescaudey de Manneville. Célina Desbissons, cuisinière au château à cette période et arrière-arrière-grand-mère de Didier Duchemin, évoque des phénomènes effrayants et inquiétants dans son journal intime qu'elle a tenu du 15 octobre 1875 à janvier 1876 et dans lequel elle relate toutes les manifestations auxquelles elle a été confrontée : « à 0 h 50, sept gros coups en haut », « ces pas n'ont rien d'humain », peut-on ainsi lire.

Pas lourds, claquements de portes, déplacements de meubles, chutes d'objets, bruits inexpliqués, apparitions, etc. : il n'en fallait pas plus au Groupement de Recherches et d'Etude des Phénomènes Paranormaux (GREPP) pour venir inspecter les lieux.

Marguerite Da Silva et Christophe Georgieff, journalistes parisiens membres du Groupement de Recherches et d'Etude des Phénomènes Paranormaux (GREPP), sont venus investir les lieux.

« Nous avons eu connaissance de ce château par les manuscrits de Camille Flammarion qui évoquent des choses étranges au XIXe siècle. Nous nous sommes également interessés au journal de Pauline de Cussy et Ferdinand de Manneville et au manuscrit de Célina Desbissons », expliquent les deux enquêteurs.

Armés du matériel de base souvent utilisé par les chercheurs étudiant les phénomènes « paranormaux » (dictaphone, caméra nightshot infrarouge, Kinet, K2), l'équipe est restée 4 h 30 sur les lieux lundi de 20 h 30 à 1 h du matin environ : « le K2 mesure les champs électromagnétiques ambiants et la Kinet permet de détecter la présence de personnes. Mais nous utilisons le matériel uniquement lorsque nous avons éliminé toute piste rationnelle ».

Aux dires de Didier Duchemin, la « chambre verte » serait celle où le plus de manifestations paranormales auraient été enregistrées et les apparitions aperçues.

« Ici il y a une apparition c'est indéniable. Il y a peut-être un élément déclencheur comme le feu par exemple. Mais nous ne pouvons pas affirmer quoi que ce soit pour l'instant. Il aurait fallu que nous soyons là tout de suite au moment des apparitions pour aller prendre des mesures immédiates. Nous allons étudier les résultats enregistrés cette nuit », expliquent Marguerite et Christophe. Les vidéos, photos, ainsi que les enregistrements sonores seront minutieusement étudiés au cours de la semaine.

« Ce que nous pouvons affirmer pour l'instant c'est que le K2 s'est déclenché à 4 reprises cette nuit alors qu'il n'y a aucune zone de courant ici… A un moment nous avons tous les deux senti une odeur de brûlé et le K2 s'est mis en marche. L'entrée de derrière donne dans les anciennes caves du château et en prenant des photos du lieu cette nuit, on voit à un endroit bien précis une silhouette de femme qui n'est pas sans rappeler la silhouette que l'on aperçoit à la fenêtre de la chambre verte sur les photos. Christophe a vu une ombre passer de la fenêtre à la porte », confie Marguerite Da Silva. « Nous avons appris que les pierres qui ont servi à la construction du château étaient d'anciennes pierres du château médiéval situé à 150 mètres au sud. Les charges énergétiques contenues par ces anciennes pierres peuvent être importantes », ajoute-t-elle.

En lisant les manuscrits, les enquêteurs ont appris que de 1876 à 1880, le propriétaire des lieux avait interdit à quiconque de franchir la porte de la cave et d'y descendre, pour une raison inconnue jusqu'alors…

Dans les trois parties du manoir, les phénomènes inexplicables se produiraient toujours mais davantage dans celle où se situe la fameuse chambre verte.

« Il est vrai que nous avons ressenti une certaine gêne, une certaine oppression à deux endroits. Maintenant nous allons chercher à savoir ce qui a pu provoquer ça. Qu'est ce qui a créé ça ? », explique Christophe Georgieff.

Les termes « scientifique » et « paranormal » sont-ils forcément contradictoires… ?

« Nous aimerions pouvoir attirer la Science sur ces phénomènes : si nous ne pouvons pas démontrer, aujourd'hui, que les phénomènes paranormaux existent, de la même manière nous ne pouvons pas démontrer qu'ils n'existent pas…

Nous pensons qu'il existe des choses mais la Science ne s'y intéresse pas. Nous enquêtons, nous envisageons tous les champs possibles et donc également le paranormal, nous n'excluons aucune hypothèse. Notre but est également de répondre aux gens dans la panique et parfois démystifier totalement les faits. Je pense que le phénomène paranormal est un phénomène normal pas encore connu », précise Christophe.

Si l'idée de croiser une âme égarée à la voix désincarnée peut susciter chez certains une anxiété palpable, les enquêteurs précisent : « les entités intelligentes qui ont envie de communiquer ne se manifestent pas pour faire peur mais simplement pour prévenir et discuter, pour passer un message, ou accomplir quelque chose ».

Septiques ou fervents croyants de cette légende, peut-être croiserez-vous au détour de votre route, celle d'une âme égarée qui cherche la sienne…

Source :

https://actu.fr/normandie/vire-normandie_14762/enquete-paranormale-au-chateau-du-tourneur_3348947.html

Vous connaissez d'autres histoires paranormales Française ? N'hésitez pas à me les raconter en m'envoyant un petit message ici :

angele.spring27@gmail.com

Angèle Spring - Auteure

Toutes les photos proviennent d'internet.

Autres livres d'Angèle Spring :

- Ombres Obscures, Les archers (Tome 1) publié chez Evidence Edition – Août 2018

- Ombres Obscures, Anastasia (Tome 2) publié chez Evidence Edition – Février 2020

- Mon chevet du soir (recueil de nouvelles) publié chez Nombre7 Edition – Avril 2020

- Alina, Seconde Vie (roman) publié chez Books On Demand – Février 2021

- Légendes et mystères de France publié chez Books On Demand – Avril 2021